ファン心理とスポーツビジネス

プロ野球「熱狂」の経営科学

水野誠・三浦麻子・稲水伸行 編

東京大学出版会

Management Science of Enthusiasm in Professional Baseball:
Fans' Psychology and Sports Business
Makoto MIZUNO, Asako MIURA, and Nobuyuki INAMIZU, Editors
University of Tokyo Press, 2016
ISBN978-4-13-040277-4

目　次

序章 ▷ プロ野球の「熱狂」を科学する

　………………………… 水野　誠・三浦麻子・稲水伸行　1

1. なぜ「熱狂の経営科学」なのか　1
2. 日本のプロ野球市場を概観する　3
3. 熱狂の事例——「カープ」人気　10
4. 本書の構成　19

第Ⅰ部

◎◎◎◎◎◎◎◎◎◎◎◎◎◎◎◎◎◎◎◎◎◎◎◎◎

価値を見きわめる：マーケティングの視点

第①章　プロ野球ファンを解き明かす …………… 水野　誠　33
　　　　——データによる「熱狂」のマーケティング・リサーチ

1. プロ野球3球団のファンを調査する　33
2. 人はいつ，いかにしてプロ野球球団のファンになるのか　36
3. プロ野球ファンはどれほど球団に熱狂しているか　44
4. 選手は球団への応援とどう関係するのか　55
5. 熱狂をマーケティングする意味　66

第②章　人はなぜその球団を応援するのか ……… 水野　誠　69
　　　　——「遊び」の理論から見たプロ野球球団への選好

1. 「遊び」としてのプロ野球観戦　69
2. カイヨワ理論から見たプロ野球観戦　70

3. カイヨワの「遊び」の分類を尺度化する　74

4. カイヨワ理論で球団選好を説明する　80

5. 人はなぜその球団を応援するのか　86

第 3 章　選手とチームへの共感と自己適合性 ……… 石田大典　91
── ブランド・ロイヤルティ戦略

1. プロ野球ファンのロイヤルティ　92

2. ブランド・ラブとは　93

3. 自己適合性とブランド・ロイヤルティ　95

4. ファン意識の実態　97

5. 何がファン・ロイヤルティを高めるのか　103

第 II 部

⚾⚾⚾⚾⚾⚾⚾⚾⚾⚾⚾⚾⚾⚾⚾⚾⚾⚾⚾⚾⚾⚾⚾⚾

ファンを獲得する：心理学の視点

第 4 章　阪神ファンと広島ファン──熱狂するファンの社会心理学
……………………… 三浦麻子・稲増一憲・草川舞子　111

1. どんな人が，どのようにプロ野球を愛するのか　111

2. プロ野球ファンに関する社会心理学研究　112

3. どのようにチームを愛するのか──阪神ファンの場合　113

4. どんな人がチームを愛するのか──広島ファンの場合　122

第 5 章　社会的営みとしての球団愛 ……………… 中西大輔　133
── プロ野球ファンの集団力学

1. プロ野球ファンと集団力学　133

2. 社会的アイデンティティとしてのファン　135

3. 助け合いのネットワークとしてのファン　139

4. カープファンはカープファンを助けるか？　141

5. 一般交換の枠としてのファン　148

第 III 部

⚾⚾⚾⚾⚾⚾⚾⚾⚾⚾⚾⚾⚾⚾⚾⚾⚾⚾⚾⚾⚾⚾

球団を運営する：マネジメントの視点

第 6 章　プロ野球選手のたどる道 ……………………… 戸石七生　153
──統計からみる選手人生

1. 「彼」はプロ野球選手になるべきか　153
2. NPB にはどんな選手がいるのか？　157
3. 年俸・アマチュア最終球歴・ドラフト指名順位・
   一軍登録日数とプロ野球選手のライフコース　160
4. 選手によるリスクコントロールはどこまで可能か？　179

第 7 章　常勝チームはつくれるか？ …… 稲水伸行・坂平文博　185
──チーム・デモグラフィー・モデル

1. 組織デモグラフィー研究　187
2. コンピューター・シミュレーションによるアプローチ　188
3. スポーツ・チームにおけるデモグラフィー研究　189
4. シミュレーション・モデルの概要　191
5. シミュレーション結果　196
6. シミュレーション結果が生じるメカニズム　201
7. 若手育成か即戦力採用か，自由放任か管理か？　207

第 8 章　日本のプロ野球球団経営の現状 …………… 中村亮介　211
──貸借対照表から見える変化

1. 球団経営の現状は？　211
2. 球界再編時と現在との利益比較　214
3. 球団の財務分析に用いる指標　215
4. 収益性と安全性の分析　217
5. 球団経営の現状と，将来のために今すべきこと　224

あとがき　229
索　引　231
編者・執筆者紹介　234

序　章

プロ野球の「熱狂」を科学する

水 野　　誠

三 浦 麻 子

稲 水 伸 行

1.　なぜ「熱狂の経営科学」なのか

　プロ野球やプロサッカー，大相撲などのプロスポーツの試合には多くの観衆が集まり，熱狂的に応援する．それらの試合はテレビ中継され，新聞やネットの記事を賑わせ，さらに多くの人々の関心を集める．オリンピックやワールドカップのように，国境を超えて人々を熱狂させるイベントもある．それらのスポーツは人々の生活に喜怒哀楽という感情を生み出すだけでなく，巨大なビジネス機会を生み出している（小林 2015）．

　しかし，どんなスポーツでもビジネスとして成功するわけではない．そこに多くのファンが集まり，メディアに注目され，市場が形成されるためには，そのスポーツが一定の規模以上の人々を，持続的に熱狂させ続けることが必要となる．熱狂が一時的な現象にとどまったのでは意味がなく，それをできる限り維持することが重要なのだ．いいかえると，熱狂を巻き起こし，かつ持続させるためのマネジメントが必須ということである．

　熱狂のマネジメントは，スポーツビジネスだけでなく，音楽・映画・演劇などのエンタテイメント・ビジネスでも重要である．その成功例の一つが宝塚歌劇団であろう．宝塚歌劇団の人気を支えるファン行動については，社会学の視点からの研究（宮本 2011），マーケティングの視点からの研究（和田 2015）などがある．後者では，ファンの熱狂や熱中を「超高関与」とい

う概念で捉えている[1]．また，マネジメントする側の証言も貴重である（森下 2015）．

　熱狂のマネジメントは，スポーツやエンタテイメントに限らず，広範な消費財・サービスのビジネスにおいて力を発揮する可能性がある．強いブランドの例としてよく挙げられるアップルには，新製品が発売される直前からアップルストアに長い行列をつくる熱狂的なファンがいる．彼らの行動は，好きなチームの試合に駆けつけ，熱烈に応援するプロスポーツのファン（サポーター）のそれに近い．彼らは周囲にポジティブなクチコミを流し，顧客基盤の拡大に貢献する．

　片平（2006）は，インターネットの普及により，消費者行動について従来語られていた AIDMA から AIDEES というモデルへの転換が必要になると主張している．前者は Attention-Interest-Desire-Memory-Action というステップを仮定するが，AIDEES では Attention-Interest-Desire-Experience-Enthusiasm-Share というステップを考える．変わったのは後段であり，消費者の経験が他の人々と共有される前提として，Enthusiasm が不可欠だとされている．それは「感動・心酔」と訳されているが，「熱狂・熱中」と訳すことも可能である．

　熱狂という要素を組み込んだマネジメントを実現するには，その基礎作業として，人々が実際にどのように熱狂するかのメカニズムを理解することが望まれる．そのためには，データを収集し，適切な手続きで解析するという科学的アプローチが欠かせない．本書はこうした考え方に立って，日本のプロ野球を題材に，データに基づく「熱狂の経営科学」にさまざまな角度からアプローチした．

　近年，スポーツを対象にしたデータ解析は大変活発になっている．その典

---

1)　消費者行動研究でよく使われる関与という概念は，消費者の製品やブランドに対する「思い入れやこだわり」の強さを意味する．超高関与とは，関与が高いにとどまらず「実際にその製品やブランドが生活のなかで大きな位置を占めて」おり，そのため「通常では考えられないような消費生活を送っている」ことをいう（和田 2015, pp. 29-30）．球場で熱烈に応援するプロ野球ファンだけでなく，試合経過のチェックを片時も怠らず，応援球団が負けると不機嫌な状態が持続するようなファンも，超高関与な状態にあるといえよう．

型は，野球のスコアデータの解析から最適な戦術を導こうとするセイバーメトリクスである（ルイス 2006，シルバー 2013，鳥越・データスタジアム野球事業部 2014）．本書はセイバーメトリクスの成功に大いに刺激を受けながらも，視点を変えて，球団のマネジメントよりの話題，つまりプロ野球ファンに対するマーケティングや選手に対する人的資源管理などを対象にしている．

　本書で分析の俎上にあげるデータは，ファンの意識や行動に対する質問紙調査，その心理的メカニズムを探る実験結果，選手の入退団に関する記録，球団の財務諸表などのデータなどである．質問紙調査や実験は執筆者が独自に実施したものであるが，それ以外のデータは一般に公開され，誰でも入手できるものである．解析に用いられた手法は単純な記述統計，基本的な統計的検定から多変量解析，さらにはコンピューター・シミュレーションなど多岐にわたる．

　執筆に当たったのは，マーケティング，経営学，会計学，社会心理学，歴史学などさまざまな分野の研究者である．彼らの多く（全員ではない）は，特定のプロ野球球団を熱心に応援するプロ野球ファンでもある．本書の内容にそのことによるバイアスがないとはいわないが，各研究分野で確立されたデータの収集・分析手続きが取られており，応援球団の違い（あるいは有無）を超えて，幅広い読者と知見を共有できると信じている．

　また，本書で採用されているアプローチは，プロ野球という枠を超えて，さらにはスポーツという枠を超えてさまざまな熱狂現象に拡張できるポテンシャルがある．したがって，プロ野球やスポーツに特に知識や関心がないが，熱狂の経営科学という視点に興味がある実務家，学生，研究者の皆様にもぜひお読みいただきたい．それを通じて，熱狂の経営科学とそれに基づくマネジメントの地平が広がっていくことを期待したい．

2.　日本のプロ野球市場を概観する

　本論に入る前に，日本のプロ野球の市場動向について概観しておきたい．市場というからには，プロ野球ファンやその予備軍が，観戦や応援にどれく

らいお金を使ったかが重要な情報となる．しかし，それについて正確なデータが時系列で得られるわけではないので，別の角度の情報も必要である．一つは意識面のデータで，プロ野球と球団に対する人気度調査，もう一つは行動面のデータで，球場への観客動員数である．これらのデータを総合して，日本のプロ野球市場の動向を把握する．

プロ野球の市場規模

　『週刊東洋経済』に掲載された推計によれば，2010年時点でプロ野球の市場規模は約1,200億円，プロサッカー（Jリーグ）のそれは765億円である（東洋経済新報社 2010）．その後，この関係が逆転したとは考えにくい．日本の観戦型スポーツビジネスにおいて，プロ野球がトップに君臨していることは間違いないだろう．なお，この市場規模はあくまで観戦に伴うもので，スポーツ用品・施設のビジネスは含まれていない．

　国際比較すると，日本のプロ野球市場はまだ成長する余地があると思えてくる．米国のメジャーリーグ（MLB）全体の収入は2010年で6,000億円近くあり，人口規模や球団数の違いを考えても日本をはるかに上回る（東洋経済新報社 2010）．小林（2015）によれば，MLBの収入は年々増加しており，日米の差は拡大する一方だ．その背景には，放送権料を高める米国のメディア市場の事情などがあると小林は指摘している．

プロ野球人気の推移

　残念なことに，日本のプロ野球の市場規模について，時系列のデータは存在しないようである．市場規模と同じではないが，好意ないし人気という意識面では，中央調査社が長期にわたって実施している「人気スポーツ調査」が時系列の動向を知るうえで貴重である．これは，全国の20歳以上の男女から無作為に標本を抽出し，個別面接で収集したデータである（回答者数は毎年1,200〜1,400人）．

　この調査で測定された「好きなスポーツ」（複数回答）の選択比率を，以下では「人気度」と呼ぶことにする．その結果が示すように，日本の2大人気スポーツはここ何年も，プロ野球とプロサッカーである．人気度の年次推

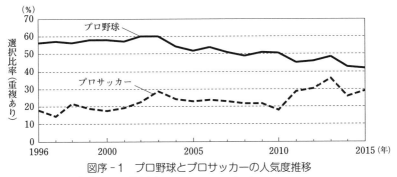

図序 -1　プロ野球とプロサッカーの人気度推移

出所）　中央調査社「人気スポーツ調査」(http://www.crs.or.jp/data/).

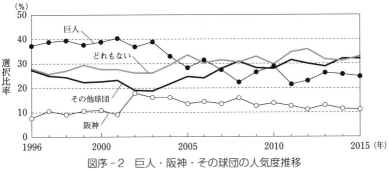

図序 -2　巨人・阪神・その球団の人気度推移

出所）　中央調査社「人気スポーツ調査」(http://www.crs.or.jp/data/).

移を示した図序-1 から，プロ野球の人気はこのところ低下傾向にあるものの，いまだにプロサッカーの人気を上回っていることがわかる．プロサッカーの人気は一時期停滞し，現在でも順調な上昇軌道に乗るまでにはいたっていない．

　次に「一番好きな球団」に選ばれる比率を，その球団の人気度と呼ぶことにしよう．ただし，巨人（読売ジャイアンツ）と阪神（タイガース）の人気度が飛び抜けて高いので，暫定的に残りの球団の選択比率を一つにまとめ，「その他球団」の人気度とした．さらに好きな球団がないという回答比率も参考として加える．これらの比率を比較したのが図序-2 である．

　そこからわかるのは，まず，1990 年代後半に 40% ほどあった巨人の人気度が 2004 年から低下し始め，2008 年以降 25% 前後で推移していることで

ある[2]. 阪神の人気度は 2002 年に急増したが, その後徐々に低下する傾向にある[3]. 一方, その他球団の人気度はそれまで低下していたが, 2004 年を転機に増加に転じている. それと同時に, 好きな球団を持たない人々の数も増加している.

　現在, 日本人の成人は「巨人・阪神が好き」「その他球団が好き」「好きな球団がない」にほぼ 3 等分される. 趨勢としては, 巨人・阪神への人気が低下する一方で, その他の球団へ人気が増え, それを上回る勢いでプロ野球（球団）離れが進んでいる（好きな球団がない回答者には, プロ野球自体には関心はある者も含まれているが, 大半がそもそもプロ野球自体に関心がない者だと想像される）.

　「その他球団」の個別の人気を見てみよう. 巨人・阪神以外のセ・リーグ球団では（図序-3）, 中日（ドラゴンズ）が人気で 3 位の座を維持してきたが, 2008 年をピークに人気が低下している[4]. 他方, 広島（カープ）の人気が急上昇して, 中日との差が縮小している. また, 1996〜98 年には中日と変わらないほどの人気があったヤクルト（スワローズ）は, その後人気が急落して低水準で安定している.

　パ・リーグの各球団（図序-4）には巨人・阪神のように人気において傑出した存在はないが, ソフトバンク（ホークス）, 日本ハム（ファイターズ）, 楽天（イーグルス）といった地方の大都市に立地する球団が人気を伸ばして

---

　2)　巨人の人気低落が始まった 2004 年は, 近鉄のオリックスへの売却話に端を発して1 リーグ制構想が浮上, 反対する選手会に対する, 当時の巨人のオーナー渡邉恒雄による「無礼なことを言うな. たかが選手が」という発言が話題になった. その年, 選手として獲得したい大学生に対する現金授受も問題になって, 渡邉オーナーの辞任に至る（阪神・横浜においても同様）. ちなみに 2004〜05 年の巨人の監督は堀内恒夫で, ペナントレースでの順位は 3 位と 5 位であった.

　3)　阪神の人気が急増した 2002 年, 阪神の監督に星野仙一が就任した. その年はリーグ戦で 4 位であったが, 2003 年にリーグ優勝している. それまでの 10 年間は B クラスが 9 回（最下位 6 回）であったが, その後の 10 年間は A クラス 6 回（優勝 2 回）になり, 恒常的に好成績を残すようになった.

　4)　中日は, 2004 年以降 8 年に及ぶ落合博満監督の在任期間に, 4 回リーグ優勝を果たし, つねに A クラスにいた. 人気が下降し始めた 2009 年は, 優勝から遠ざかって 2 年経ち, 2 位といっても首位とのゲーム差はかなり開いていた. 2010 年と 2011 年に再び優勝するが, 人気がピークの時期に戻ることはなかった.

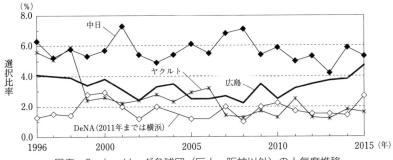

図序 - 3　セ・リーグ各球団（巨人・阪神以外）の人気度推移

出所）　中央調査社「人気スポーツ調査」（http://www.crs.or.jp/data/）.

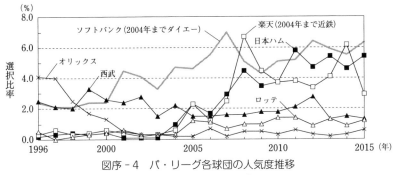

図序 - 4　パ・リーグ各球団の人気度推移

出所）　中央調査社「人気スポーツ調査」（http://www.crs.or.jp/data/）.

いる．それに対して，西武（ライオンズ），ロッテ（マリーンズ）といった首都圏の球団は人気の面で取り残されているように見える．オリックス（バファローズ）は 1996〜97 年にあった人気を一気に失ったままである[5]．

プロ野球の試合の観客動員数

　意識調査で測定された球団人気度は，各球団に収入をもたらすファンの行動に直接反映されているとは限らない．球団の収入源はチケット販売，グッ

---

5)　オリックスは 1995 年（阪神・淡路大震災の年）と 96 年にリーグ優勝，96 年には日本シリーズで勝利した．当時，監督は仰木彬で，選手ではイチローも在籍していた．その後 97 年に 2 位，98〜99 年に 3 位，2000〜01 年は 4 位と順位が低下，イチローは 2000 年を最後にメジャーリーグに移籍した．

ズ販売，飲食サービス，放送権，スポンサーシップやライセンシングなど多岐にわたる．このなかでチケット収入やグッズ販売，飲食サービスなどは，ホーム球場の観客動員数に大きく左右される．また，ファンの熱狂を測るうえでも観客動員数は重要な指標の一つになる．

　そこで，各球団の主催試合での1試合当りの観客動員数の推移を見ることにしよう．セ・リーグでは，巨人と阪神の観客数が群を抜いて多い（図序-5）．しかし，両球団とも観客数が球場の収容人数に近づいており，観客を増加させることには限界がある．巨人の観客数は大震災のあった2011年を除き，全体に高止まりしているが，阪神の観客数はわずかながら減少傾向にある（2015年に上昇の兆しを見せている）．

　観客数の減少傾向がはっきりしているのが中日で，2015年には近年観客数の増加が著しい広島に追いつかれている．観客数が順調に増加しているもう一つの球団が，2011年に経営主体が変わったDeNA（ベイスターズ）である．長らく観客数が低迷しているヤクルトではあるが，2015年はリーグ優勝したこともあって増加した．セ・リーグでは全般に，観客動員数の球団間格差が縮小する傾向にある．

　パ・リーグでは（図序-6），ソフトバンクが順調に観客を増やし，リーグを超えて比較すると巨人・阪神に次ぐ水準に達している．パ・リーグ2位の日本ハムは，近年観客数が伸び悩んでいる．そのなかで，ここ数年観客数を増やしているのがオリックスと楽天である．オリックス（またセのDeNA）は，人気度が全国的に上昇しているわけではないので，地元での集客努力が功を奏していると考えられる．

　上述の観客動員数をリーグごとに平均し，2009年を1とする比に変換すると，図序-7のようになる．2012年以降，両リーグとも全体として観客を順調に増やし続けている．そうした成長を牽引しているのは，セ・リーグでは広島とDeNA，パ・リーグではソフトバンク，オリックス，楽天である．比較的最近球団の親会社が変わったり，ホームスタジアムを一新させたりした球団が多い．

　かつてと異なり，いまプロ野球は数あるエンタテイメントの一つにすぎず，球団の人気も分散する傾向にある．しかし，そのことは競技間・球団間の競

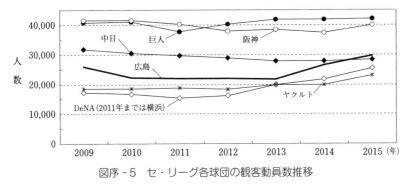

図序 - 5　セ・リーグ各球団の観客動員数推移

注）　主催試合の 1 試合当り観客数.
出所）　プロ野球 freak（http://baseball-freak.com/）.

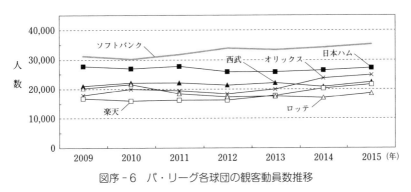

図序 - 6　パ・リーグ各球団の観客動員数推移

注）　主催試合の 1 試合当り観客数.
出所）　プロ野球 freak（http://baseball-freak.com/）.

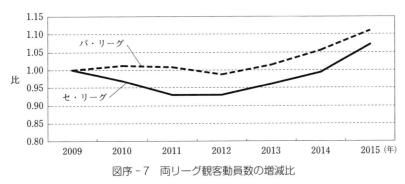

図序 - 7　両リーグ観客動員数の増減比

注）　図序-6, 7 の観客数を球団間で単純平均し，2009 年を 1 とする比に変換したもの.
出所）　プロ野球 freak（http://baseball-freak.com/）.

争を激しくし，コンテンツとサービスの魅力を向上させ，市場を活性化する
可能性を秘めている．そこで鍵となるのが熱狂現象だというのが本書の立場
である．次に，その事例を見ることにしよう．

3.　熱狂の事例——「カープ」人気

　第2節で述べたように，人気度においても観客動員数においても，最近は
広島の成長が目立っている．その根底に熱狂的なファンがいることは容易に
想像がつく．それを象徴するのが，最近よく耳にする「カープ女子」という
ことばである[6]．広島ファンを含むプロ野球ファンの意識は本書の第Ⅰ部と第
Ⅱ部で詳しく分析されるので，ここでは「カープ女子」といわれる現象に，
どんな実態があったかを探ってみたい．

「カープ女子」の登場

　「カープ女子」ということばは，字面どおりに受け取ると，女性の広島ファ
ンという意味になる．しかし現実には「若い」「従来のプロ野球ファンと
は異なる」「関東で増加している」といった意味を伴うことが多い．場合に
よっては「野球のことを深く知らない」「ファッションにすぎない」といっ
たニュアンスを持つこともありそうである．

　そもそもカープ女子ということばは，いつ頃から使われるようになったの
か．ネットでの検索語を時系列に概観できる Google Trend で調べたところ，
それが最初に登場するのは，2013年9月末である．この年の9月30日，
NHK の「ニュースウォッチ9」で，首都圏におけるカープファンの増加が
取り上げられ，「カープ女子」ということばが使われたのが，この語の拡散
のきっかけかもしれない（図序-8）．

　「カープ女子」ということばの起源ははっきりしない．Sports Graphic
Web の 2011 年 8 月 16 日付の記事のタイトルに「カープガール」ということ
ばが登場する（村瀬 2011）．記事では CARP-girl-CARP というブログが

---

6)　「カープ女子」ということばは，2014 年のユーキャン新語・流行大賞で年間トップ
　　10 に選ばれている．

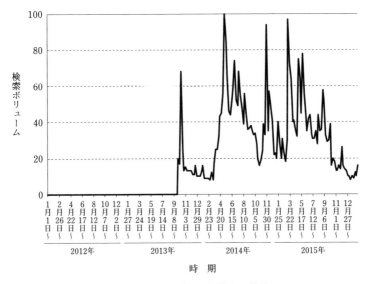

図序 - 8　「カープ女子」検索の推移

注）　検索ボリュームは，最大値を 100 とした値.
出所）　Google Trends より「カープ女子」を検索語として収集.

紹介されており，このことばはそこから引用されたと思われる．それがのち
に「カープ女子」ということばに「進化」したという証拠はないが，カープ
女子と似たようなことばが，2011 年時点にすでに存在したことだけは確か
である．

　「カープ女子」という表現は出てこないが，関東における広島ファン，と
りわけ女性ファンの増加を取り上げた記事が，『AERA』2012 年 9 月 24 日
号に掲載されている．したがって，遅くとも 2011 年から 12 年頃には，すで
にカープ女子的なる現象が発生し，若い女性の広島ファンが，特に関東の球
場で目立つようになり始めていた可能性が高い．

アウェイで広島ファンの増加は起きたのか

　では，2011〜12 年に球場を訪れる広島ファンの女性は実際に増えていた
のだろうか．残念ながら，性別・応援球団別の観客数を示す時系列データは
入手可能ではないので，直接的な検証は難しい．そこで性別での分析は諦め，

(1) 巨人（東京ドーム）

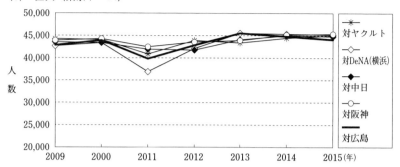

(3) DeNA（横浜スタジアム）

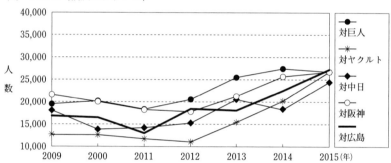

(5) 阪神（甲子園球場）

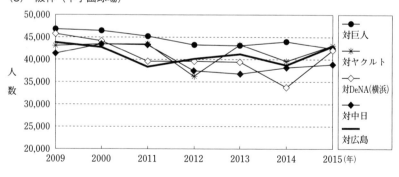

図序 - 9　セ各球団の

出所）　プロ野球 freak（http://baseball-freak.com/）.

(2)　ヤクルト（神宮球場）

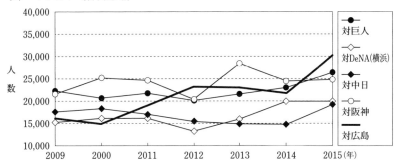

(4)　中日（ナゴヤドーム）

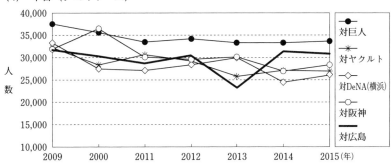

(6)　広島（マツダスタジアム）

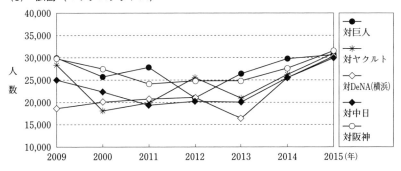

対戦球団別ホーム観客数

広島ファン全体の観客数について調べてみよう．女性ファンが増えたのなら，男性ファンがそれ以上に減らない限り，ファンの総数は増えるはずである．

　図序-5からわかるように，ホームであるマツダスタジアムはオープンした2009年の翌年から，観客数は落ち込んでいた．観客が増加し始めたのは2014年である．これはカープ女子現象が始まったと推測される時期より少しあとである．したがって，少なくともホームグラウンドで，カープ女子の増加という報道を裏づける変化が起きていたとは考えにくい．

　もともとカープ女子現象は関東で起きたといわれているので，アウェイの球場での観客数の変化を見る必要がある．球場の観客がどの球団を応援しているかは識別が困難なので，対戦相手別の観客数を比較し，広島が対戦相手のとき観客が増える傾向にあるなら，アウェイで広島の人気が上昇したとみなすことにする（ホーム側の球団を応援する観客の数は，対戦相手ごとにそうは変わらないと仮定する[7]）．

　図序-9には，セ・リーグ各球団のホームスタジアムでの対戦球団別観客数（1試合当り平均）が示されている[8]．広島が対戦相手となる試合で，他の球団が相手の場合以上に観客が増加しているだろうか．神宮球場では2012年以降，対広島戦の観客数が対巨人・阪神戦と匹敵するようになり，年によっては最も観客数が多いカードになっている．観客数が減少するナゴヤドームや甲子園球場において対広島戦の観客数は比較的安定しており，対広島戦の観客総数に占めるシェアは高まっている．

　東京ドームでは，対戦相手による観客数の差はほとんどないように見える．しかし回帰分析を行うと，対広島戦は対 DeNA 戦と並んで，他の試合以上に観客数が増加していることを確認できる（詳細は補遺で述べる）．横浜スタジアムでは，あらゆるカードで観客数が増加しており，対広島戦だけで観

　7）　現実には，好ゲームが期待できる対戦相手との試合を好んだり，対戦相手の選手に強い関心を持ったりするファンがいるので，対戦相手がどの球団であるかが，当該球場を本拠地とする球団のファンの観戦意思決定に一定程度影響する可能性はある．

　8）　主催試合からホームスタジアム以外の球場で行われた試合を除いてある．なぜなら，地方球場で行われる試合では，観客数がその地域特有の球団選好に左右される可能性があるためである．それに比べ，ホームスタジアムでは，そこを本拠地とする球団を応援する観客数がより安定していると考えられる．

客が増えているわけではない．以上から，多くのアウェイの球場で広島ファンが（相対的に）増えているのは間違いない．なかでも，2011～12年頃に飛躍的に増加したのは，神宮球場だといえる．

ソーシャルメディアに現れた熱狂

　人々の関心や感情を測る手段として，最近ではソーシャルメディア上のクチコミが注目されている（Mejova *et al.* 2015; Moe and Schweidel 2014）．したがって，そうしたデータから広島への熱狂現象が起きているかどうかを探ることも一つの有効な手段である．もちろん，発言者の性別を識別するのは容易ではないので，「カープ女子」がどのようなクチコミを発信しているかは，ここでは追求しない．

　Twitterから巨人・阪神・広島に関する発言（ツイート）を収集するには検索語を指定する必要がある．「巨人」「読売」「阪神」「広島」といった語は一般名称であったり，会社名・地名として広範囲に使われていたりして，球団に関するツイートだけを抽出することは簡単にはいかない．そこでとりあえず，各球団について次のような語句を1つでも含むツイートを収集することにした．

- 巨人については{ジャイアンツ　読売ジャイアンツ　読売巨人　巨人軍 Giants　#kyojinn　#giants}
- 阪神については{タイガース　阪神タイガース　Tigers　#tigers #hanshin}
- 広島については{カープ　広島カープ　広島東洋　CARP　#carp}

　図序-10は，そのようにして収集された2014年のツイートの件数の時系列推移を示す．年末から3月中旬にかけて，各球団に関するツイートは低い水準で安定しており，球団間の差もない（この水準をベースラインと見るなら，そこに3球団間での偏りはないことになる）．3月下旬ペナントレースが開幕すると，各球団に関するツイートは一様に増加した．

　巨人・阪神に関するツイートは，開幕時の盛り上がりの直後に大きく減少

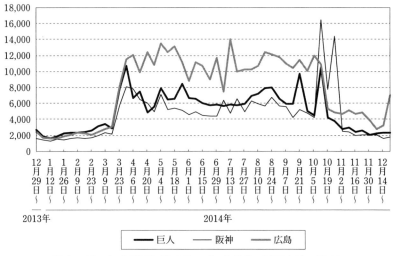

図序 - 10　セ 3 球団に関するツイート件数（球団名等で検索）

注）　検索に用いられたキーワード：巨人については {ジャイアンツ　読売ジャイアンツ　読売巨人　巨人軍
　　　Giants　#kyojinn　#giants}．阪神については {タイガース　阪神タイガース　Tigers　#tigers　#hanshin}．
　　　広島については {カープ　広島カープ　広島東洋 CARP　#carp}．
出所）　電通バズリサーチ．

したが，広島に関するツイートはそれ以降も活発に続いている．10 月に入
り，クライマックスシリーズ（CS）に敗退したときはさすがに広島に関す
るツイートは急落する．他方，CS を勝ち抜き日本シリーズに進出した阪神
に関するツイートは著しく増加した．巨人についてもリーグ優勝が決定した
時期，また CS の時期にツイートが一時的に増加している．

　2014 年のセ・リーグは，開幕直後から巨人・阪神・広島の三つ巴の戦い
になった．春には広島が 1 位であった時期もあったが，6 月以降 1 位の座に
は巨人が座り続け，2 位の座は阪神と広島の間で何度か入れ替わった．1 位
と 2 位のゲーム差が接近した時期もある．したがって，ファンの数が広島よ
りはるかに多い巨人と阪神について，もっとツイートが多くてもおかしくな
いはずだが，そうはなっていない．

　広島に関するツイートが多かった一つの要因として，その多くを発してい
ると思われる広島ファンの年齢が巨人・阪神ファンより低く，ソーシャルメ
ディアの利用率が高いことが挙げられる（1 章参照）．しかし，その差は，

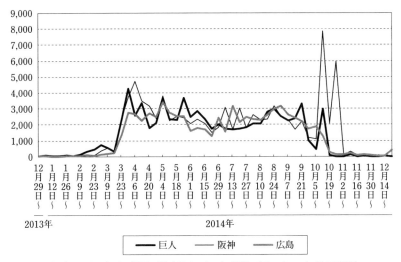

図序 - 11　セ 3 球団に関するツイート件数（ハッシュタグで検索）

注)　検索に用いられたキーワード：巨人については {#kyojinn　#giants}，阪神については {#tigers　#han-shin}，広島については {#carp}.
出所)　電通バズリサーチ.

ファンの数の差を補って余りあるほど大きいのだろうか．そこでもう一つの要因として，熱狂の差を考えないわけにはいかない．広島は 2013 年に 16 年ぶりに A クラス入りし，優勝を熱望するファンの気持ちが高まっていた．

　しかし，阪神タイガースのことを「タイガース」ではなく「阪神」と呼ぶ比率が，広島カープを「カープ」ではなく「広島」と呼ぶ比率よりはるかに高いとしたら，上述のツイート件数には偏りがあることになる．そこで今度は，検索対象を上述の検索語のうち，ハッシュタグに限ってみることにする[9]．すると，図序-11 が示すように，時系列で見たツイート件数は，3 球団の間でほとんど差がなくなる（例外は，10 月に生じた阪神に関するツイートの爆発的増加である）．

　各球団のハッシュタグは，同じ球団のファンどうしのコミュニケーション

---

9)　Twitter の投稿（ツイート）にたとえば #carp と書かれてあると，フォロー関係にない他のユーザでも，検索によってその投稿を見ることができる．これをハッシュタグの機能という．したがって，試合中に応援球団のハッシュタグを検索すると，他のファンによる実況やコメントをリアルタイムに閲覧できる．自分の実況やコメントを同じ球団のファンに伝達することもできる．

に使われている．ただし，そこに参加するには，その球団を熱狂的に応援しているだけでなく，ソーシャルメディアにある程度習熟していることが必要である．どの球団のファンでも1人当たりのツイート件数に差がないとしたら，ハッシュタグを使って熱心にツイートするファンの人数は，3球団間でそう変わらないことになる．

しかし，すでに見たように巨人・阪神と広島の間では，もともとのファンの人数に大きな差がある．そんな広島ファンが，ツイートの件数で巨人・阪神のファンと変わらないとしたら，熱狂的なファンの比率が高いか，1人当たりのツイート件数が多いかのいずれかだろう．いずれにしろ，巨人・阪神ファンに比べ全体として少数ながらも，2014年の広島ファンがいかに熱狂していたがよくわかるデータである．

（補遺）球場別観客数の要因分析

各試合の観客動員数は，対戦球団以外のさまざまな要因に影響を受けるはずである．そこで，重回帰分析によって，対戦球団の集客効果を取り出すことにする．目的変数は試合ごとの観客数，説明変数に用いたのは以下の変数である．

(1)　月（ダミー変数）

(2)　曜日（土日＝1，それ以外＝0）

(3)　対戦球団（ダミー変数）

(4)　対戦球団×経過年数（試合のあった年−2009年）

なお，(4)は全対戦相手ごとに用意したため，経過年数を単独の変数としては加えていない．

対戦相手が広島であった場合の効果を見たいので，セ・リーグの球団ごとに，主催試合のうちオープン戦，交流戦，ホーム以外での公式戦，CS/日本シリーズを除外して分析した．推定された(4)の偏回帰係数を抜き出したのが表序-1である．2009年以降，1年経つごとに観客が平均してどれだけ増加（減少）するかを，対戦球団の効果に絞って示している．

この表からわかるのは，たとえば東京ドームでの巨人の主催試合では，相手が広島だと毎年400人ほど，相手がDeNAだと600人ほど平均して観客

表序 - 1 対戦球団の違いが年間に観客数を増加させる効果

対象球団 (球場)	巨人 (東京ドーム)	ヤクルト (神宮球場)	DeNA (横浜スタジアム)	中日 (ナゴヤドーム)	阪神 (甲子園球場)	広島 (マツダスタジアム)
偏回帰係数						
巨人×経過年数	—	682.8[a]	1,290.5[aa]	−776.6[aa]	−343.0	465.1
ヤクルト×経過年数	262.2	—	2,242.5[aa]	−770.8[aa]	−420.8	781.3[a]
DeNA×経過年数	616.5[aa]	922.9[aa]	—	−721.3[a]	−1,235.2[a]	1,269.3[aa]
中日×経過年数	174.9	−279.6	1,612.5[aa]	—	−1,065.2[a]	797.2[a]
阪神×経過年数	254.9[b]	557.5[b]	933.3[aa]	−1,160.6[aa]	—	264.7
広島×経過年数	426.4[a]	2,058.9[aa]	1,655.9[aa]	−386.4	−384.3	—
決定係数	0.457	0.729	0.731	0.711	0.653	0.673

注) aa：0.1% 有意，a：1% 有意，b：5% 有意.

が増えている，ということだ．ベースとなる観客数もまた対戦球団によって変わるし，季節や週末かどうかによっても影響を受ける．

4. 本書の構成

本書は8章からなり，それらは3部にまとめられている．第I部は「価値を見きわめる——マーケティングの視点」と題されており，マーケティングあるいは消費者行動論の立場から，プロ野球ファンに対する質問紙調査の結果が分析される．第II部は「ファンを獲得する——心理学の視点」であり，プロ野球ファンの心理メカニズムが，質問紙調査や実験を通じてより深く分析されている．第III部「球団を運営する——マネジメントの視点」は関心をファンから選手あるいは球団の経営に移して，人口学，組織論，会計学などの方法論にしたがって行われた研究が紹介される．どの章も基本的には独立して書かれているので，以下のそれぞれの部の概要を参考に，読者は興味のある章から読み始めることができる．

第I部について——マーケティングの視点

本書の第I部では，マーケティングの視点から熱狂の経営科学にアプロー

チする．**第1章「プロ野球ファンを解き明かす——データによる「熱狂」のマーケティング・リサーチ」**では，巨人・阪神・広島のファンに対して行った，基本的なマーケティング・リサーチの結果を概観する．まず検討されるのが，各球団のファンがいつ，どのような状況で，どのような理由でファンになったかである．そこで重要なのが，物心がつく前からの「先天的ファン」と，何らかの経緯で主体的に選択した「後天的ファン」の区別である．両者のどちらをどれだけ重視するかで，とるべきマーケティング戦略が違ってくる．

　次いで取り上げられるのが，本書の中心テーマであるファンの球団に対する熱狂の測定である．そのために感情温度という尺度が用いられる．応援球団への感情温度の分布だけでなく，ライバル球団への感情温度の分布もまた，応援球団によって異なっている．ファンの熱狂は，球場での観戦，応援，情報収集，グッズ購入といった行動に影響する可能性がある．球団の全国的な人気や観客動員数の変動は，そうした個人行動を基礎としている．

　球団の人気は，選手の人気ともおおいに関連していそうである．どの球団でも特定の選手に人気が集中しており，その分布のパターンは球団間でほとんど差が見られない．では，どのような選手の人気が高いかに，球団間で差があるだろうか．選手のプロファイルは能力や成績だけでなくパーソナリティも含まれる．後者は，心理学でよく知られた Big Five と呼ばれる尺度によって測定可能である．それによって，球団間で人気選手のパーソナリティにどんな差があるかを把握できる．

　マーケティング研究では，ブランドに対して人と同様にパーソナリティを測定する研究がある．それにならい，この調査では応援球団のパーソナリティを合わせて測定している．それによって球団と応援選手のパーソナリティを比べることが可能になる．球団〜選手〜ファンの三者関係に古典的なハイダーのバランス理論を当てはめると，球団と選手のパーソナリティは一貫していたほうがよいという話になる．しかし，そう考えて球団と選手のイメージ管理を行ってよいかどうかは，データに基づいて注意深く議論する必要がある．

　ファンがなぜその球団を応援しているかに，彼らが過去または現在に住ん

だ地域が影響していることは自明ともいえる．しかし，それだけで全てが決まるわけではないので，それ以外の変数の効果を掘り下げるべきであろう．たとえば広島ファンは，巨人・阪神ファンに比べて多少若く，インターネットやソーシャルメディアをよく利用するという特徴を持つ．こういう情報は，ファンとのコミュニケーションを深める戦略を考えるうえで役に立つはずである．

　さらに，ファンの心のより深いレベルにある価値観がどの球団を応援するかに影響している可能性にも目を向けたい．**第2章「人はなぜその球団を応援するのか──『遊び』の理論から見たプロ野球球団への選好」**では，ファンがプロ野球観戦に期待する価値の違いが，有名なカイヨワの「遊び」の理論に則って分析される．カイヨワによれば，遊びはアゴン（競争），アレア（運），ミミクリ（模擬），イリンクス（眩暈）という4つのカテゴリに分類される．これらの要素に対する選好によって，球団への選好が変わると考えるわけである．

　カイヨワによれば，多くの観戦型スポーツは本質的にはアゴンに分類されるが，アレアの要素も併せ持つ．彼の理論からは逸脱するが，日本のプロ野球に特徴的な組織だった応援スタイルを見ていると，ミミクリやイリンクスの価値もあると思えてくる．これらの4カテゴリに対応する価値の測定尺度があれば，応援する球団の違いをどれだけ説明できるかが分析できる．

　どの球団のファンになるかをカイヨワ理論に基づく期待価値で説明できるとしたら，それは球団マーケティングにとって重要な含意を持つ．ファンがアゴン（競争）のような価値を強く求めているならば，勝利の喜びを倍加させるコミュニケーションやプロモーションを立案すべきであろう．そうではなく，ミミクリ（模擬）やイリンクス（眩暈）を求めているならば，ファンが一体感を持てるような工夫が優先されねばならない．

　第3章「選手とチームへの共感と自己適合性──ブランド・ロイヤルティ戦略」では，ここまで十分探求されてこなかった2つの側面が扱われる．一つは，ファンの球団に対するロイヤルティである．ファンが自分たちの球団を熱狂的に応援するようになったとしても，それが長続きしなければ長期的な利益にはつながらない．プロ野球球団とファンの関係は，他のサービス

に比べると持続的なケースが多そうである．しかし，そこに安住せず，ファンのロイヤルティをつねに維持・強化する取り組みが望ましい．

　第3章で取り扱われるもう一つの側面は，球団に対する選好と選手に対する選好の関係である．第1章では，球団〜選手〜ファンの関係がバランス理論の観点で言及されているが，モデルに基づいて分析されたわけではない．球団へのロイヤルティが，選手へのロイヤルティに裏打ちされるようになれば，球団として非常に望ましいことはいうまでもない．

　ファンの球団と選手に対するロイヤルティは，それぞれ「ブランド・ラブ」の尺度によって測定する．マーケティングの消費者行動研究では，近年ブランド・リレーションシップと総称される研究がさかんになっている．「ブランド・ラブ」はそうした研究のなかで有名な成果の一つである．さらに，「ブランド・ラブ」に影響を与える要因として自己適合性に注目する．これは，現実の自己あるいは理想の自己が対象（球団または選手）とどれだけ重なるかを意味する概念である．

　すなわち，各球団のファンは，応援する球団が現実または理想の自己と適合性が高いほど，その球団へのラブが強くなる．応援する選手についても自己との適合性が高いと，選手へのラブが強まる．そして，球団と選手へのラブには，ともに強化し合う関係があるかもしれない．また，このようなモデルがどの球団にも当てはまるのか，何らかの差異があるのかも押さえておく必要がある．

　以上の3章が，マーケティングの視点からのプロ野球の熱狂に対する研究である．読者のなかには，ファンの熱狂を高める具体的な施策が知りたいのに，何も言及されていないと不満を持つ方もいらっしゃるだろう．あるいは，上述の研究で取り上げた球団や選手のパーソナリティ，遊びに期待する価値，自己と球団・選手との適合性などは，そもそもマーケティング努力によって変えることができるのかという疑問が生じるかもしれない．これらの問題は，いずれも今後の研究で取り組むべき課題である．

第II部について──社会心理学の視点
　第4章と第5章では，社会心理学的な視点からプロ野球にアプローチする．

なぜ「経営科学」と冠された本に，マーケティング・リサーチの一手法としてのみならず単独の「部」を構成する形で心理学の章が，と違和感を覚える方もいらっしゃるかもしれないが，プロ野球の中心的な顧客である「特定の球団ファン」とはどういう存在なのか，その行動と心理を解明することは，良質なマーケティングあるいはマネジメントにおいて重要な役割を果たすと考えるからである．プロ野球のそれはもちろんのこと，人が顧客として関わる経営の現場であれば，どこにでも敷衍可能のはずだ．

　両章の執筆者はいずれも社会心理学者である．社会心理学は，心理学の中でも特に人を動かす「状況の力」に注目するところが特徴的なジャンルである．同じ人でも異なる状況に置かれれば異なる行動を取りうるし，同じ状況でも異なる人であれば異なる行動を取りうるし，同じ状況をどう解釈するかにも人による違いがあらわれる．こうした人と状況との交互作用を読み解いていくわけだが，その際にデータによる実証を重視するデータ・サイエンスであることも社会心理学の特徴である．ビッグデータの解析から個別事例の精査に至るまで，データの取り方や内容は多種多様であるが，両章では協力者に直接的な働きかけをすることで行動や心理に関するデータを得ている．ここでは，「人」を「特定の球団ファン」と読み替えていただければよい．

　「特定の球団ファン」とは何かといえば，「持続的に何かを選好し，特にそれに執着する」という共通点をもつ集団である．本書のタイトルには「熱狂」とある．熱狂する集団というとカルト宗教集団や独裁政権下の国家など，ともすれば極端で逸脱的な行動を取る人々としてネガティブなイメージをもたれる場合が多い．プロ野球ファンをこうした非／反社会的な存在だととらえているわけではないが，先の共通点をもつという意味では同じ線上にいるし，より一般的な意味の顧客にしても同様であると考えている．経営者は何とかして自分たちを選好し執着する集団のサイズを大きくし，維持し続けようと腐心している．そのためには集団自身のもつ特徴と，集団に影響を与える状況の特徴の両方を知っておく必要がある．

　さて，各章の内容をさわりだけだが紹介しよう．まず**第 4 章「阪神ファンと広島ファン──熱狂するファンの社会心理学」**は「『どのように』『どんな人が』プロ野球チームを愛するのか」という問題意識で進められた研究が

紹介されている．データは質問紙調査によって得られており，「どのように」は主に阪神ファンの，「どんな人が」は主に広島ファンの回答データに基づいて語られている．阪神ファンの愛し方は，一言で表現すれば屈折している．球団は畏敬の対象ではないし，多くの人気を集めるような存在だとも思っていないし，勝ち進んでも単純には喜べない．こうした傾向は「タイガースこそ我が人生」と思っている人ほど強い，ということが示される．一方で，広島ファンは「世の中は所詮お金である」という現実を痛感しながらも，「世の中にはお金より大切なものがある」と信じているような人だということが示される．つまり，対象の何もかもをポジティブに受け入れるのが「ファン心理」だというわけではなく，むしろ自分との距離を近く感じているからこそ批判的だったり，アンビバレントだったりすることがデータによって表現されている．

　続いて第5章「社会的営みとしての球団愛──プロ野球ファンの集団力学」は，社会心理学の中でも集団力学（グループ・ダイナミックス）的観点から，つまり特に個人と集団の相互影響過程に注目して，広島ファンを対象とした行動実験によってアプローチしている．実験参加者は，あるシナリオを読んで，街中で困っている人を助けるかどうか，あるいは困っている時に人が助けてくれると思うかどうかを判断するよう求められるのだが，その際に自分と相手がカープTシャツを着ていたり，着ていなかったりする．すると，もっとも「助ける」「助けてくれるだろうと思う」程度が高かったのは，両方がカープTシャツを着ていて広島ファンだと互いに分かる場合だった．ごく単純な手がかりなのだが，Tシャツ着用情報は同じカープを愛する者同士だという感覚をもたらし，それが集団としての一体感を生み，結果として困ったときはお互い様という相互扶助行動につながるのである．人が「特定の球団ファン」であることを表明し合い，互いの共通点を認識することは，ただそれだけで人々を「集団」として機能させ，集団らしいまとまりをもった行動として発現することがデータを通じて実証されている．

　編者としては，ここで示した「阪神（広島）ファンの社会心理学」の研究事例が，読者にとってより一般的な意味を持ち，顧客を長くつなぎとめ，あるいは新しく顧客となる人を増やし，市場を拡大させるマーケティングやマ

ネジメントのための有効な手がかりとなることを願ってやまない．しかし，少なくとも一つの欠点がある．集団の熱狂はその集団が世間的にはマイノリティであることやその意識とセットになることが多く，実際，阪神や広島のファンはプロ野球ファンの中で決してマジョリティとはいえない．そのため，いくら熱狂するファンの心理を読み解いても，マジョリティの獲得にはつながらない可能性が高い．そちらを探求するためには巨人ファンの研究をしなければならないのだが，なかなかそこに食指は向かない．社会心理学の国際的なトップジャーナル *Journal of Personality and Social Psychology* が以前は *Journal of Abnormal and Social Psychology* と称していたことからも分かるように，社会心理学者は「ノーマル」や「マジョリティ」には関心を向けにくいのかもしれない．いや，単に編者がアンチ巨人だというのが大きな理由だろうと言われればそれもまたその通りである．ともあれ，すべての人を常に思いのままに動かすことは難しいが，ある程度コントロールすることは不可能ではない．人への注目と状況への注目，この2つを両輪として意識することが成功へのファーストステップとなることを意識していただければ幸いである．

第 III 部について──マネジメントの視点

　本書の第 III 部である第6章，7章，8章ではマネジメントの視点から，プロ野球を題材に熱狂の経営科学にアプローチする．メンバー個人個人の職務への満足感や意欲を高め，成長を促すにはどうすればよいか．その一方で，組織（球団や企業）全体として掲げる目標を高いレベルで達成するにはどうすればいいか．そして，この両方を高いレベルで達成するにはどうすればいいか．仮に（短期的に）高い成果を挙げていたとしても，メンバーが意欲を失い，今後の展望を描くことができていなければ，いわゆる「ブラック企業」ということになる．逆に，各メンバーは現状に十分満足していても，組織が十分な成果を挙げていなければ，市場や顧客から見放されてしまう．こうした観点から考察するのがマネジメントの本質ということになる．

　そこで第 III 部においても，個人の観点（第6章，個々の選手のキャリアとライフコース），組織の観点（第7章，個々の選手のキャリアとはコイン

の裏表の関係にある選手の採用政策やチーム・ビルディング方針），成果の観点（第8章，経営の最終的パフォーマンスといえる財務成果）という3章に分けて，プロ野球チーム経営，ひいてはスポーツ・チーム経営を考えていく．

　他の類書にはない特色は，長期的な観点でプロ野球経営・マネジメントを考えている点である．マネジメントとは，長期的に継続して高い成果を出し続けるにはどうすればいいかを考えることだとも言える．この点について，第Ⅲ部の3つの章は，プロ野球やスポーツ・チームをかなり長期的（数年単位・十数年単位）で見ている．一つ一つのプレーに一喜一憂することもよいが，プロ野球やプロスポーツを複眼的に見る上で，長期的な観点から考察するこれらの章を読むことは有用であるに違いない．

　また，定量的に考察を加えている点も大きな特色である．単なるエピソードの羅列に終始するのではなく，ハードなデータに基づいて分析を試みているのである．ただし，残念ながら，今回の研究を通じて，マネジメントに関わるデータが十分に整備されているわけではないことも明らかになった．データの整備がなければ十分な研究蓄積と，それに基づく学術研究者と実務家，ファン，プレイヤーも含めた開かれた対話は望むべくもない．こうした観点からも警鐘を鳴らす章として読んでいただけると良いかもしれない．

　それでは，各章の内容をかいつまんで紹介しておこう．**第6章「プロ野球選手のたどる道──統計からみる選手人生」**は，選手個人のキャリア，ライフコースに関するものである．特に，スター選手ではない「その他大勢」の選手に焦点を合わせている点が特徴である．日本プロ野球は，動向が逐一マスコミによって報道されるスター選手だけではなく，「その他大勢」の選手によって成り立っている．「その他大勢」の選手に熱狂するにはマスコミ報道ではなく，断片的なデータに頼るしかない．だが，そのデータはどうやって見たらいいのだろうか．何をモノサシにしたらいいのだろうか．この章ではスター選手だけではなく「その他大勢」の選手のライフコースを最新のデータから得られた豊富な尺度を使って徹底解剖している．

　熱狂するファンの視点からしても，この章の掲げる問いは興味深く，しかも多岐にわたる．「その他大勢」の選手は何人いて，どのくらいの年俸を貰

っているのか．あなたの応援する選手が貰っている年俸は多いのか，少ない
のか．来シーズンは最低でも何試合一軍にいなくてはいけないのか．あなた
の応援する選手にはどんなライバルがいるのか．球団はあなたの応援する選
手をどの程度評価してくれているのか．あなたの応援する選手がその他大勢
から脱出するためにしなければならないことは何か．あなたの応援する選手
がFA権を取る確率はどのくらいか．そして，あなたが応援する選手がプロ
入り10年目まで生き延びる確率はどのくらいか．応援する選手個人個人の
キャリアとライフコースをより深く知り，より深く熱狂するために考えさせ
られる一章だと言えよう．

　**第7章「常勝チームはつくれるか？──チーム・デモグラフィー・モデ
ル」**は，先の第6章とは表と裏の関係にある．球団側の採用政策，チーム・
ビルディング方針に関わるものである．生え抜き主義がいいのか，外様を重
用した方がいいのか．若手育成重視がいいのか，即戦力をどんどん採用した
方がいいのか．選手の自主性を重んじた方がいいのか，いわゆる管理野球を
徹底した方がいいのか．わがチームを強くするために，ファンの間で必ずと
言って交わされる議論のテーマである．こうしたテーマについて，コンピュ
ーター・シミュレーションを使って一つの見方を提供しようとするのがこの
章である．

　具体的な内容は本論を読んで頂きたいと思うが，興味深い知見を2つほど
導いている．一つは，やはり常勝チーム（安定的に高いパフォーマンスを出
すチーム）を作り上げることは至難の技だということである．若手重視にも，
自由放任重視にも一長一短あり，条件によってはパフォーマンスに貢献した
りしなかったりする．これらのテーマについてファン同士での議論が尽きな
いのも頷ける結果である．

　もう一つは，敢えて"団塊"の世代（ある特定の年代だけ所属選手が分厚
いこと）を形成することも悪くない，というものである．若い世代が分厚い
と，経験も少ないためパフォーマンスが低く，低迷期が続くことになる．し
かし，その世代が育つのを辛抱強く待つと，彼らが30歳前後の脂がのる年
代になり，チームとして爆発的な強さを誇る黄金期を築ける可能性があると
いうのである．一緒に苦しい時代を乗り切り，自分が手塩にかけて選手を育

てたという感覚をファンに呼び起こすチームは，ファンから愛される．それ
ゆえに，こうしたチームの強さはファンを熱狂させるに違いない．そう考え
ると注目に値する結果だと言える．

　第8章「日本のプロ野球球団経営の現状──貸借対照表から見える変化」
は，球団経営の財務に関するものである．常日頃，特定のプロ野球球団を応
援しているファンとしても，その球団の経営状況に注目することはあまりな
いであろう．ただし，球団が赤字を出し続けていると，いざ親会社が危機に
瀕した時，その存続自体が危ぶまれ，ひいてはわれわれファンの楽しみまで
奪われてしまいかねないことは，2004年の球界再編問題を顧みれば想像に
難くない．そこでこの章では，公表されている会計報告書をもとに財務分析
を行うことにより，プロ野球球団経営の現状を把握しようと試みている．

　この章では，球界再編問題以降，赤字体質から脱却している球団が多くな
っていること，その一方で，親会社の借り入れに依存していると推測される
球団も存在することが明らかとなる．

　また，球界再編問題以降，プロ野球球団の財務内容は徐々に開示されてき
ているが，それでも，アメリカなどと比べると日本はやや遅れているという
ことも指摘される．確かに，プロ野球球団のステークホルダーが親会社（株
主）のみであれば，詳しい財務内容は連結グループ内でシェアすればよく，
そこまで開示する必要はないかもしれない．しかし，ステークホルダーには，
親会社だけでなく，球団のために安くない額を払っている熱狂的なファンも
含まれる．会計報告書が広く開示されるようになれば，できる限り永く球団
が存続することを願う人たちからのチェックが行われ，球団売却などでファ
ンの熱が冷まされるようなことも無くなるに違いない．また，企業の財務諸
表がステークホルダーとの対話の重要なメディアであるとするならば，球団
の財務情報は，ファンと球団経営側との，長期的なチーム作りを考える対話
のきっかけを提供してくれるかもしれない．熱狂を一過性のものに終わらせ
ないためにも，この章での提言は傾聴に値するといえよう．

　球団の経営はこれらのテーマのみに限られる話ではないが，これら3つの
章が，マネジメントという視点からプロ野球と熱狂現象を考える契機となれ
ば幸いである．

参考文献

片平秀貴（2006），「消費行動モデルは AIDMA から AIDEES の時代へ」『日経BP LAP』第18巻（2006年6月号）．http://adweb.nikkeibp.co.jp/adweb/doc/LAP 2006018.pdf

小林至（2015），『スポーツの経済学──2020年に向けてのビジネス戦略を考える』 PHP研究所．

シルバー，ネイト，川添節子［訳］（2013），『シグナル＆ノイズ　天才データアナリストの「予測学」』日経BP社．

東洋経済新報社（2010），「スポーツビジネス徹底解明」『週刊東洋経済』2010年5月 15日号（第6260号）．http://toyokeizai.net/articles/print/4279

鳥越規央・データスタジアム野球事業部（2014），『勝てる野球の統計学──セイバーメトリクス』岩波書店．

宮本直美（2011），『宝塚ファンの社会学──スターは劇場の外で作られる』青弓社．

村瀬秀信（2011），「森ガール，山ガールの次に来るのは，“カープガール”って本当か⁉」 *Sports Graphic Number Web*. http://number.bunshun.jp/articles/-/151995

森下信雄（2015），『元・宝塚総支配人が語る「タカラヅカ」の経営戦略』角川書店．

ルイス，マイケル，中山宥［訳］（2006），『マネー・ボール』ランダムハウス講談社．

和田充夫［編］（2015），『宝塚ファンから読み解く　超高関与消費者へのマーケティング』有斐閣．

Mejova, Yelena, Ingmar Weber, and Michael W. Macy（2015）, *Twitter: A Digital Socioscope*, New York, NY: Cambridge University Press.

Moe, Wendy W. and David A. Schweidel（2014）, *Social Media Intelligence*, New York, NY: Cambridge University Press.

第Ｉ部

価値を見きわめる

──マーケティングの視点──

第1章

プロ野球ファンを解き明かす
──データによる「熱狂」のマーケティング・リサーチ

水 野　誠

1. プロ野球3球団のファンを調査する

　プロ野球がビジネスとして成長するうえで，ファンを対象としたマーケティングは今後ますます重要になる．そのためにも，顕在的・潜在的ファンの意識と行動を理解するマーケティング・リサーチが欠かせない．本章では，プロ野球ファンを対象にしたウェブ調査の結果を紹介する．

　この調査は，プロ野球球団のためのマーケティング・リサーチにおいて一般に質問しそうなことを基本的に網羅している．もちろん，実際のマーケティング・リサーチには調査の発注者（たとえば球団）が存在し，その戦略的な関心が色濃く反映される．この調査は学術的な調査であり，特定球団の関心に沿ったものではないという点で，通常のマーケティング・リサーチとは異なっている．

　この調査で対象にしたのは，ファンの規模が圧倒的に多い読売ジャイアンツ（以下「巨人」と略す）と阪神タイガース（以下「阪神」）のファンとともに，広島東洋カープ（以下「広島」）のファンである．本書全体を貫くテーマは「熱狂の経営科学」であり，序章で述べたように，近年熱狂的なファンが増えている広島に注目したのである．しかし，この調査の方法やそこか

＊本章の調査は，吉田秀雄記念事業財団の研究助成を得て行われた．

ら得られた知見は，これら3球団の範囲を超えて「熱狂のマネジメント」の参考になると信じている．

1.1　プロ野球ファンの定義

プロ野球ファンと一言でいっても，球場にしょっちゅう駆けつけて熱狂的に応援するヘビーなファンから，一応応援しているとはいうものの球場を訪れるまでには至らないライトなファンまで，さまざまである．現時点で球団に多くの利益をもたらすヘビーなファンは重要だが，長期的視点からは，ライトなファンや，まだそこまでもいっていない潜在的ファンも重要である．

われわれが実施した調査では，調査会社のウェブ調査モニタに登録されている日本全国の20〜69歳男女から無作為に選んで予備調査を行い，好きなスポーツについて質問した．そして，好きなスポーツの上位5位以内に「プロ野球」が入った者を，プロ野球ファンと認定した．しかし，それだけでは調査対象者がライトなファンばかりになる．そこで，前年に1回以上球場でプロ野球を観戦したことがあるヘビーなファンも対象とするよう留意した．

では，ライトなファンとヘビーなファンを，どれくらいの割合で集めればよいだろうか（あるいは，どのようなウェイトで集計すればよいか）．人数比を基準にするとライトなファンばかりになり，現在の収益性を基準にするとヘビーなファンに偏ってしまうだろう．これらをどのように混合すべきかは球団の戦略次第であり，一般的な答えがあるわけではない．

1.2　標本規模と調査時期

冒頭で巨人・阪神・広島のファンを対象とすると述べた．したがって，上で定義したプロ野球ファンから，これら3球団のファンがそれぞれ同じ規模になるよう抽出した．また，最近「カープ女子」現象などがきっかけになって，多くの球団が女性客の獲得を目指すようになっている[1]．そこで女性ファンの情報を十分入手するために，男女比を均等に近づけるようにした．

---

1)　たとえば，『毎日新聞』「プロ野球：W杯に負けるな　女性ファンの獲得あの手この手」（2014年6月17日）），『スポーツニッポン』「「カープ女子」の次に来るのは？球界女性ファン最新事情」（2015年2月2日）など．

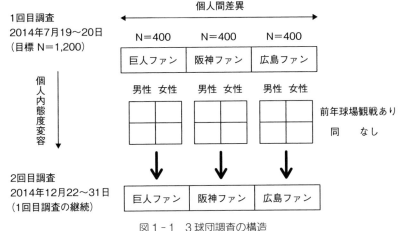

図1-1 3球団調査の構造

　すでに述べたように，ヘビーなファンとライトなファンの双方に目配りをすることも重要だ．そこで，前年に球場でプロ野球を観戦したかどうかが均等になるようにした．つまり，応援球団×性別×ライト／ヘビーの12の層が均等になるよう，それぞれに100人ずつ，無作為に割り付けるようにした（したがって全体で目標とする回答者数は1,200人になる）．

　シーズンの途中と事後で，1人のファンの意識がどう変化したかを見るため，同じ対象者に対して2014年の7月と12月の2回調査を行うことにした．これは，オールスター戦の直前の時期とその年が終わる時期に当たる．1回目の調査では対象者は全体で1,200人になるが，2回目の調査では脱落者がいるので多少減少する．以上述べた調査の構造は図1-1のようになる．

1.3　集計・分析に関する補足

　今回の調査はいずれもウェブ調査で行われた．データの品質を保証するため，いい加減に回答しているとみなせる回答者をいくつかの基準で集計・分析対象から除外している．その結果，分析対象となった対象者数は，標本抽出時より若干小さくなった．

　すでに述べたように，12の層の大きさができるだけ均等になるよう対象者を割り付けているので，層を超えて合計された数字の見方には注意を要す

る．本章では回帰分析などを用いて，これらの層を構成する要因が有意な効果を持っているかどうかを確認し，必要に応じてその結果に言及するようにしている（紙幅の制約上，分析結果の詳細は省略している）．

2.　人はいつ，いかにしてプロ野球球団のファンになるのか

　プロ野球球団のファンはどういう経緯でその球団のファンになるのか——それを知ることが，プロ野球マーケティングの出発点になり得る．家族や生まれ育った地域で多くの人々がその球団を応援しており，物心がついたときには自分もファンになっていたという人は，いわば「先天的」ファンである．こうしたファンが多いほど，先天的ファンが誕生する仕組みが今後も崩れないようにしつつ，彼らを末長く維持していくことが球団マーケティングの課題になる．

　一方，分別がつく年齢になってから，何らかの理由で応援するようになったとか，特に応援する球団がないままプロ野球を観戦する時期を経てファンになったという場合は「後天的」ファンと呼べる．既存のファン基盤では不十分だと考える球団にとっては，後天的ファンの獲得が不可決となる．少子化により先天的ファンの規模が小さくなるにつれ，どの球団にとっても後天的ファンの獲得はますます重要になるはずである．

　マーケティングでは，新規顧客の獲得と既存顧客の維持のバランスをいかにとるべきかが議論されてきた（Blattberg and Deighton 1996）．つまり，顧客獲得と顧客維持のどちらに重きをおくのが望ましいかは，環境や戦略的意図によって異なる．プロ野球マーケティングにとっても，その点は全く同じである．そして，考えるべき顧客の寿命は，通常の製品・サービスより長いと想像される．

2.1　応援開始時期

　調査対象者に現在最も応援する球団を何歳頃から応援し始めたのかを聴き，それを対象者の特性別に平均したのが表1-1である．平均的にいって，男性ファンは10代前半，女性ファンは10代後半にその球団のファンになる．巨

表1-1　応援開始年齢

	人数	平均（歳）	標準誤差
巨人ファン	356	14.4⁻	0.48
阪神ファン	362	17.1ᵃ	0.57
広島ファン	380	17.3ᵇ	0.57
男　性	541	14.5⁻	0.43
女　性	557	18.1ᵃ	0.45
前年球場非観戦	616	16.4⁻	0.43
前年球場観戦	482	16.1	0.46
計	1,098	16.3	0.32

注）　表1-1〜1-3ともに，重回帰分析の結果.
　　　aa: $p < 0.001$, a: $p < 0.01$, b: $p < 0.05$, －：当該変数のベースと
　　　なる水準（交互作用の結果は省略）.
出所）　表1-1〜1-3ともに，1回目調査（2014年7月）.

表1-2　調査時の年齢

	人数	平均（歳）	標準誤差
巨人ファン	356	45.3⁻	0.66
阪神ファン	362	45.0	0.62
広島ファン	380	42.0ᵃ	0.61
男　性	541	47.9⁻	0.49
女　性	557	40.3ᵃᵃ	0.49
前年球場非観戦	616	45.1⁻	0.48
前年球場観戦	482	42.7	0.56
計	1,098	44.0	0.37

表1-3　応援年数

	人数	平均（年）	標準誤差
巨人ファン	356	30.9⁻	0.80
阪神ファン	362	27.9ᵃᵃ	0.73
広島ファン	380	24.7ᵃᵃ	0.81
男　性	541	33.4⁻	0.61
女　性	557	22.2ᵃᵃ	0.59
前年球場非観戦	616	28.6⁻	0.60
前年球場観戦	482	26.6	0.71
計	1,098	27.7	0.46

人ファンは阪神・広島ファンよりも若くしてファンになる傾向がある．男性の巨人ファンは平均して13歳頃，つまり中学生になった頃に応援を始めている．

　では，これらのファンは，現在いくつになっているのだろうか．表1-2に示されているように，男性は平均48歳，女性は平均40歳である．巨人と阪神のファンの平均年齢はほとんど差がないが，広島ファンの平均年齢はそれより3歳ほど若い（回帰分析によってそれ以外の要因の影響を取り除いても，応援球団の違いは年齢に有意な違いをもたらしている）．

　現在の年齢から応援開始年齢を引くと応援年数になる（表1-3）．男性のファンは平均すると33年，女性のファンは22年ほど，現在と同じ球団を応援し続けている．男性の応援開始年齢が女性より低いので，当然ながら男性の応援年数のほうが長くなる．同じことは，応援球団間でもいえる．巨人ファンは応援開始年齢が低く，現在の年齢が高いから，当然応援年数は長くなる．広島ファンは逆で，応援開始年齢が少し上で，現在の年齢が若い分応援年数は短い．

　巨人ファンは現時点で人数が群を抜いて多い．巨人ファンには10代前半から応援し始める「先天的」ファンが他球団以上に多いが，今後もその経路だけに頼って顧客を獲得しようとすると，ファンの高齢化がいま以上に進み，いずれ先細りになるおそれがある．このことは，巨人と長い間人気を二分してきた阪神にとって他人事ではない．広島が若い「後天的」ファンの獲得に成功していることと好対照である．

2.2　応援開始前の状況

　プロ野球ファンが特定の球団を応援し始める前の状況には，次のような可能性がある．

①その球団を応援するようになるのと，プロ野球観戦を始めたのが，ほぼ同時である．

②その球団を応援するようになる前は，特定の球団を応援することなく，プロ野球を観戦していた．

表1-4 応援開始前の状況の構成比（ヨコ）

	人 数	① プロ野球観戦 開始と同時期	② 前は応援球 団なく観戦	③ 前は別の球 団を応援	④ いずれでも ない
巨人ファン	356	70.5%⁻	16.0%⁻	4.5%⁻	9.0%
阪神ファン	362	50.0%	23.8%ᵇ	19.1%ᵃ	7.2%
広島ファン	380	53.2%	22.9%ᵇ	16.6%ᵃ	7.4%
男 性	541	57.1%⁻	18.7%⁻	17.2%⁻	7.0%
女 性	557	58.3%	23.2%	9.9%	8.6%
前年球場非観戦	616	56.5%⁻	20.9%⁻	13.5%⁻	9.1%
前年球場観戦	482	59.3%ᵇ	21.0%ᵇ	13.5%	6.2%
計	1,098	57.7%	20.9%	13.5%	7.8%

注）④に比べて①②③がそれぞれどれだけ起こりやすいかに関する多項ロジスティック回帰分析の結果．
a: p＜0.01, b: p＜0.05, －：当該変数のベースとなる水準．
出所）1回目調査（2014年7月）．

表1-5 以前の応援球団の構成比（タテ）

応 援 球 団	巨人 （16人）	阪神 （69人）	広島 （63人）
巨 人	—	49.3%	42.9%
阪 神	25.0%	—	19.0%
広 島	—	8.7%	—
中 日	25.0%	5.8%	11.1%
横 浜	6.3%	2.9%	3.2%
ヤクルト	18.8%	10.1%	4.8%
楽 天	6.3%	—	1.6%
西 武	12.5%	7.2%	4.8%
ロッテ	—	—	1.6%
ソフトバンク	—	—	4.8%
オリックス	6.3%	2.9%	—
日本ハム	—	1.4%	—
その他	—	11.6%	6.3%

注）1回目調査にて以前別の球団を応援していた回答者が対象．
出所）1回目調査（2014年7月）．

③その球団を応援するようになる前は，別の球団を応援していた．
④上のいずれでもない．

　3球団のファンが，これらのどれに属するかが表1-4に示されている．全体としては，①のタイプが圧倒的に多いが，応援球団や性別などによる差も無視できない．②，③といった最初からファンではなかった人々は，阪神・

広島ファンには少なからずいるが，巨人ファンにはほとんどいない．

　③の，別の球団のファンから阪神・広島のファンになった人々の内訳をみると，半数近くが元々は巨人ファンである（表1-5）．つまり，巨人から阪神・広島へのファンの移動が一定程度あるということだ．ところが，その逆のパターン，つまり阪神・広島から巨人へのファンへの移動はほとんどない．

　このような非対称性が長く続くと，他の条件を一定とするなら，巨人のファン基盤は先細りになるおそれがある．しかし，これまで通り，まだどの球団も応援していない「無垢な」人々（典型的には10代前半の子ども）をファン基盤に組み込み続けることができれば，多少の離脱はカバーできる．このあたりが今後の盛衰を占う分岐点になると思われる．

2.3　周囲の応援環境と居住地

　プロ野球球団のファンになる要因として，その人を取り巻く環境が重要であることはいうまでもない．自分の周囲に特定球団の熱狂的なファンが多かったり，メディアがしょっちゅうその球団の情報を流していたりすれば，気がついたらその球団のファンになっていても不思議ではない．

　そこで，プロ野球ファンが置かれている環境について複数の項目を用意し，対象者に当てはまるものを好きなだけ選んでもらった．その結果は表1-6のとおりである（全対象者中の比率は，1.2節で述べたように異質な層を単純平均した値であることに注意）．ここで重要なのは，ほとんどの層でも「家族のなかでファンが多い」という回答が非常に多いことである．

　「生まれ育った地元」「いま住んでいる地域」にファンが多い環境にいる者は，とりわけ阪神ファンに多いようである．地元密着といわれる広島ファンでは，それほどでもないのが意外である（その理由についてはあとで検討する）．広島ファンは，むしろ「自分の周囲にファンが増えている」という認識で他の層を上回っている．

　では，プロ野球ファンにとっての「地元」とは何だろうか．「現在居住している地域」が一つの地元の基準になるが，進学や就職で生まれ育った地域から引っ越した者にとって，現住の居住地は地元とは感じられていないかもしれない．そこで「これまで最も長く居住した地域」を地元とする基準も同

表1-6　周囲の応援環境

	全体比率 (1,098人)	有　意　な　主　効　果		
家族のなかでファンが多い	50.9%		女　性	前年観戦
生まれ育った地元にファンが多い	38.5%	阪神ファン		
マスメディアでよく報道されている	38.2%	巨人ファン		
いま住んでいる地域にファンが多い	30.2%	阪神ファン		
友人のなかでファンが多い	28.4%	阪神ファン		前年観戦
インターネットでよく情報を目にする	19.0%			前年観戦
自分の周囲にファンが増えている	16.6%	広島ファン		前年観戦
好きな有名人のなかにファンがいる	13.5%			
この中にあてはまるものはない	10.7%	広島ファン		

注)　「前年観戦」は，前年に1回以上球場で観戦経験があること．有意な主効果とは，ロジスティック回帰で
　　係数が5%有意となった変数であることを意味する（交互作用については省略）．
出所)　1回目調査（2014年7月）．

表1-7　現在の居住地域の構成比（タテ）

性　別	男　　性			女　　性		
応援球団	巨　人 (176人)	阪　神 (177人)	広　島 (188人)	巨　人 (180人)	阪　神 (185人)	広　島 (192人)
北海道	2.8%	1.7%	1.1%	0.6%	—	1.6%
東　北	5.7%	1.1%	2.7%	4.4%	0.5%	1.0%
関　東	50.6%	14.7%	25.5%	48.3%	12.4%	18.8%
中　部	18.8%	9.0%	8.5%	15.6%	4.9%	5.7%
近　畿	13.1%	66.1%	13.8%	12.2%	73.0%	9.4%
中　国	4.0%	2.8%	41.5%	6.1%	2.7%	58.3%
四　国	1.7%	1.7%	3.7%	2.8%	4.3%	2.6%
九　州	3.4%	2.8%	3.2%	10.0%	2.2%	2.6%

出所)　表1-7, 1-8ともに，1回目調査（2014年7月）．

表1-8　最長居住地域の構成比（タテ）

性　別	男　　性			女　　性		
応援球団	巨　人 (176人)	阪　神 (177人)	広　島 (188人)	巨　人 (180人)	阪　神 (185人)	広　島 (192人)
北海道	3.4%	2.3%	2.1%	2.2%	2.2%	2.1%
東　北	6.8%	1.1%	3.7%	6.7%	0.5%	2.1%
関　東	44.3%	8.5%	12.8%	43.9%	11.4%	10.9%
中　部	19.9%	9.6%	8.5%	15.0%	3.8%	9.4%
近　畿	14.8%	66.7%	11.7%	11.1%	67.6%	7.3%
中　国	5.7%	2.8%	52.1%	5.6%	2.7%	60.9%
四　国	1.7%	4.5%	5.3%	3.3%	6.5%	3.1%
九　州	3.4%	4.5%	3.7%	12.2%	5.4%	4.2%

時に採用する.

　応援球団と現在居住地域（表1-7），あるいは応援球団と最長居住地域（表1-8）との関係を見ると，いずれの場合も，各球団のファンは大なり小なり特定の地方に集中している．全国区の人気といわれる巨人ファンでさえ，ファンの半数が関東地方に居住している．これは，日本の人口に占める関東地方の比率（34%）に比べても大きい．

　阪神ファンについては，現在居住地域と最長居住地域のいずれで見ても，また性別に関わらず70%前後が近畿地方に集中している．それに比べると，広島ファンもまた中国地方に集中しているとはいえ，その程度は小さい．これは，中国地方が近畿地方ほど経済圏として大きくなく，進学や就職のために圏外に移動せざるを得ないことが一因であろう．

　実際，男性の広島ファンで中国地方を最長居住地域とする者の比率は52%だが，そこに現在居住している者の比率は42%に下がる（女性の広島ファン，また他球団ファンではそこまでの差はない）．先に述べた，広島ファンが「いま住んでいる地域にファンが多い」とあまり感じていない理由は，そのへんにあるのかもしれない．

2.4　球団応援理由

　どの球団のファンになるかには，個人を取り巻く環境以外にもさまざまな要因が関係しているはずである．球団を応援する理由を本人がどこまで正しく認識できるかには議論の余地はあるが，とりあえず当人に直接聴いてみるのが一つの方法であろう．ある球団を応援する理由の候補をいくつか提示し，あてはまるものを選んでもらった結果は，表1-9のように要約される．

　そこから読み取れることを列挙してみた．

- どの球団のファンにも「家族や地元の人々が熱心に応援していたから」という理由を挙げる者が多いが，特に阪神・広島ファン，また女性に多い．
- 巨人ファンは「テレビ中継やニュースで試合を見る機会が多かった」「つねに優勝争いに加わる球団である（であった）」「お気に入りの選手

表1-9　球団を応援する理由

	全体比率 (1,098人)	有　意　な　主　効　果		
家族や地元の人々が熱心に応援していたから	47.9%	阪神・広島ファン	女　性	前年観戦
テレビ中継やニュースで試合を見る機会が多かったから	37.4%	巨人ファン		
お気に入りの選手が所属している（していた）球団だから	27.7%	巨人ファン		
球団の歴史や伝統，姿勢に共感できる部分が多いから	21.1%	広島ファン	男　性	
つねに優勝争いに加わる球団である（であった）から	16.3%	巨人ファン		
観戦したときに見た選手のプレイが素晴らしかったから	16.1%			前年観戦
比較的近所に球場があり，試合を見る機会が多かったから	15.5%	阪神・広島ファン	男　性	前年観戦
仲のいい友人や彼氏・彼女が熱心に応援していたから	12.5%	阪神・広島ファン	女　性	前年観戦
嫌いな球団に対抗できる球団であるから	9.4%	阪神・広島ファン		
観戦したときに見たファンの応援が素晴らしかったから	8.7%			

注）「前年観戦」は，前年に1回以上球場で観戦経験があること．有意な主効果とは，ロジスティック回帰で主効果が5%有意となった変数であることを意味する（交互作用については省略）.
出所）1回目調査（2014年7月）.

が所属している（していた）球団」であることを，他球団のファン以上に応援する理由に挙げる.

• 阪神・広島ファンには「比較的近所に球場があり，試合を見る機会が多かった」「仲のいい友人や彼氏・彼女が熱心に応援していた」という理由に加え「嫌いな球団に対抗できる球団であるから」という理由を挙げる者が目立つ.

• 広島ファンには「球団の歴史や伝統，姿勢に共感できるから」応援すると答える者が少なくない.

全体として，その球団を応援するようになったのは，家族や地元の影響が大きいと意識されている．しかし，巨人ファンの場合，それ以上にメディア

の影響や，つねに優勝争いをしており，多くのスター選手を擁しているといったメジャー感が応援する理由になっている．

　それに対して阪神・広島ファンは，自分にとって地元の身近な球団であるという意識が強い．仲間が応援していることも，球団を応援する動機になっている．少数ながら「嫌いな」巨人を倒したいという感情を表明する者もいる．一部の広島ファンに特徴的なのは「球団の歴史や伝統，姿勢」への共感で，球団の独自の歴史や経営形態を反映していると考えられる．

3.　プロ野球ファンはどれほど球団に熱狂しているか

　プロ野球に限らず，多くの観戦型スポーツにとってファンの熱狂は欠かすことができない要素である．球場や競技場で熱心に応援することは，ファンどうしの一体感を高め，ときには応援する球団の勝ち負けを超えた歓びをもたらすと考えられる．ファンどうしがお互いに顔を合わせることのないインターネット上の中継においてさえ，リアルタイムの投稿を通じてファンどうしがお互いの熱狂を共有している．

　熱狂的なファンが球場に何度も足を運べば，当然チケットが売れ，関連するグッズの売上が増えるので球団の収入は増える．彼らは頼まれなくても応援に駆けつけ，球団の魅力を周囲に拡散する．それがうまく回転すれば，球団のマーケティング投資はより効率化されるだろう．したがって，プロ野球のマーケティングにおいて，ファンの熱狂度は重要な成果指標の一つになる．以下では，意識と行動の両面からファンの熱狂を分析してみたい．

3.1　球団に対する感情温度

　ファンの意識における熱狂を測るため，政治心理学の調査で用いられてきた「感情温度」（feeling thermometer）という尺度を適用してみた（例えばWeisberg and Rusk（1970））．これは，具体的には図 1-2 のような温度計を調査対象者に見せて，

- 対象に好意的な気持ちがあれば，その強さに応じて 50 度から 100 度の

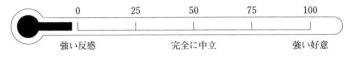

図1-2　感情温度の測定尺度

間の数字を選ぶ.

- 対象に反感を感じていれば, その強さに応じて, 0度から50度までの数字を選ぶ.
- 対象に好意も反感ももたないときは, 50度を選ぶ.

というルールで, 設定された対象への感情を測定する手法である. 温度をアナロジーとした, 0〜100の水準をとる尺度といってよい.

　1回目の調査で測定された, 2014年オールスターの直前での3球団への感情温度を見てみよう. 巨人に対する感情温度の分布を, 応援球団別に比較したのが図1-3である. 見ての通り, 巨人ファンの巨人に対する感情温度は70〜79度をピークとする山形の分布をしている. これは, 心理尺度の分布として問題ない姿といえるだろう. 他方, 阪神・広島ファンの巨人に対する感情温度は, 0〜9度をピークとする歪んだ分布になっている.

　次に阪神への感情温度を見てみよう (図1-4). 上で見た巨人の場合と比べ, 阪神ファンの阪神に対する感情温度は, 90度以上の区分の比率が大きい. 他方, 巨人・広島ファンの阪神に対する感情温度は, 50〜59度という中立的な区分が最も多い. 広島ファンの広島に対する感情温度は, 阪神の場合以上に90度以上の区分に集中している (図1-5). 巨人・阪神ファンの広島に対する感情温度は50〜59度に集中しており, 阪神の場合と同様, 広島は他球団のファンから中立的に見られている.

　巨人ファンと阪神・広島ファンでは, 応援球団への熱狂度合いがかなり違うことがわかったが, もう一つ興味深いのは, 応援していない球団への感情温度の差である. 巨人は阪神・広島ファンからひどく嫌われており, よくいわれるアンチ巨人の感情の強さが裏づけられている. 他方, 阪神・広島は巨人ファンからそこまでは嫌われていない. このような非対称性が, 他のセ・リーグの球団やパ・リーグの球団のファンにおいても成り立つのかどうか,

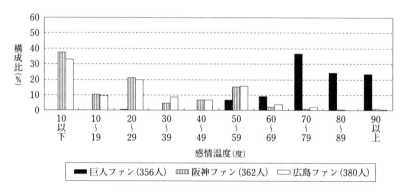

図1-3　巨人に対する感情温度の分布

出所）　図1-3〜1-5ともに，1回目調査（2014年7月）．

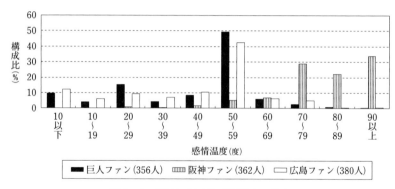

図1-4　阪神に対する感情温度の分布

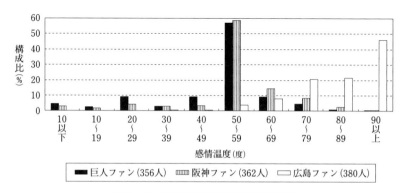

図1-5　広島に対する感情温度の分布

今後調べてみると面白そうだ.

　なお, 阪神ファンと広島ファンはお互いに友好関係にあるかというと, そうでもない. 阪神ファンの広島に対する感情温度の平均は 50 度で中立的だが, 広島ファンの阪神に対するそれはおおよそ 40 度で, より嫌いな側に傾いている. その理由として, 広島ファンは阪神に主力選手を FA で奪われた恨みがあることが思い浮かぶ. しかし, 成績下位の球団のファンほど上位球団に敵対心を持つという, より一般的な命題を考えることもできる.

3.2　球団への熱狂の変化

　上で述べた感情温度は, いずれも 1 回目調査（7 月）の結果である. 2 回目調査（12 月）では, 応援する球団についてのみ感情温度を測定しているので, この約半年間に, 同じ個人内でどのような変化が起きたかを調べることができる（それが可能なのは, 応援球団がこの間変化しなかった対象者だけである）. その結果によると, 応援する球団への感情温度は, 巨人・阪神ファンについてのみ有意に低下している（表 1-10）.

　巨人・阪神ファンの感情温度は下がったのに, 広島ファンの感情温度が下がらなかったのはなぜだろうか. 一つの可能性は, この年の球団の成績に巨人・阪神ファンはいたく失望したが, 広島ファンはそうでなかった, ということである[2]. 別の可能性は, 例年シーズンオフにファンの熱狂が冷めるのがふつうなのに, この年の広島ファンは例外であった, というものである. どちらが正しいかを現段階で決めることは難しい.

　ファンの熱狂の変化について知るには, 応援球団への応援程度が数年前に比べてどう変化したかについての質問が役に立つかもしれない. その結果によれば, 3 球団とも半数以上のファンが, 数年前に比べて応援する程度は変わらないと答えている（表 1-11）.

---

　2)　2014 年, 巨人はリーグ優勝したがクライマックス・シリーズで敗れ, 日本シリーズ出場を果たせなかった. 日本シリーズに進出した阪神も日本一にはなれなかったので, 両チームのファンにとって悔しい 1 年であったかもしれない. しかし, 広島もまたクライマックス・シリーズで敗退しており, 悔しくない 1 年だったとは思えない. このように見ると, 感情温度の低下に応援球団による差があることは, 簡単な理由で説明できないようである.

表1-10　応援球団に対する感情温度の変化

応援球団	巨人 (283 人)	阪神 (275 人)	広島 (279 人)
差の平均	−3.392[aa]	−2.153[b]	−0.817
標準誤差	0.894	0.965	0.776

注）　対応のある差の t 検定の結果．aa: $p < 0.001$, b: $p < 0.05$.
出所）　1 回目調査（2014 年 7 月）と 2 回目調査（2014 年 12 月）の双方の
　　　　回答者．

表1-11　応援程度の変化の構成比（ヨコ）

	人　数	①数年前 より熱心	②数年前 と同じ	③数年前ほど ではない
巨人ファン	355	6.2%[−]	54.6%[−]	39.2%
阪神ファン	362	5.5%	58.0%	36.5%
広島ファン	365	32.1%[aa]	54.8%[a]	13.2%
男　性	536	12.5%[−]	59.0%[−]	28.5%
女　性	546	16.8%	52.7%	30.4%
前年球場非観戦	608	9.4%[−]	54.6%[−]	36.0%
前年球場観戦	474	21.5%[a]	57.4%[aa]	21.1%
計	1,082	14.7%	55.8%	29.5%

注）　③に比べて①②がそれぞれどれだけ起こりやすいかに関する多項ロジスティック回帰分析
　　　の結果．aa: $p < 0.001$, a: $p < 0.01$, −：当該変数のベースとなる水準．
出所）　1 回目調査（2014 年 7 月）において応援開始時期が 1 年以上前であった回答者．

　ただし，広島ファンには，数年前より熱心に応援していると答えた者が巨
人・阪神のファンよりも多く，広島ファンの熱狂が近年高まっていることが
うかがえる（広島ファンの回答者に，応援歴の短い者がより多く含まれてい
ることも一因だろう）．

3.3　球団応援のための行動

　プロ野球のマーケティングという観点からは，ファンの熱狂は球場での観
戦者数の増加につながってこそ意味がある．2014 年にどれだけ球場で観戦
したかを示すのが表1-12（主催試合）と表1-13（ビジター試合）である．
なお，この表は，前年の球場観戦経験の有無と応援球団で区別している（性
別による観戦回数の差はほとんどないので区別していない）．

　調査の前年に球場で観戦していないライトなファンは，調査の年にもほと
んど球場で観戦していない．しかし前年に球場で観戦したヘビーなファンは，

表1-12　球場観戦回数の構成比（タテ）／通年：主催試合

前年球場観戦	1回以上			な　　し		
応援球団	巨　人 （152人）	阪　神 （156人）	広　島 （174人）	巨　人 （204人）	阪　神 （206人）	広　島 （206人）
1試合もない	31.8%	33.0%	31.7%	89.2%	83.3%	87.4%
1試合のみ	26.4%	14.8%	17.9%	2.2%	7.2%	5.6%
2～3試合	26.4%	29.6%	27.6%	5.0%	2.9%	6.3%
4～5試合	5.5%	13.0%	8.9%	2.2%	2.9%	0.7%
6～9試合	3.6%	6.1%	8.1%	0.7%	2.2%	—
10～19試合	2.7%	2.6%	4.9%	—	0.7%	—
20試合以上	3.6%	0.9%	0.8%	0.7%	0.7%	—

注）　表1-12, 1-13ともに，2回目調査（2014年12月）.

表1-13　球場観戦回数の構成比（タテ）／通年：ビジター試合

前年球場観戦	1回以上			な　　し		
応援球団	巨　人 （152人）	阪　神 （156人）	広　島 （174人）	巨　人 （204人）	阪　神 （206人）	広　島 （206人）
1試合もない	52.7%	67.8%	55.3%	91.4%	92.8%	91.6%
1試合のみ	20.9%	11.3%	12.2%	2.9%	3.6%	3.5%
2～3試合	20.9%	12.2%	19.5%	4.3%	1.4%	3.5%
4～5試合	2.7%	5.2%	5.7%	1.4%	0.7%	—
6～9試合	0.9%	3.5%	2.4%	—	—	1.4%
10～19試合	0.9%	—	4.1%	—	0.7%	—
20試合以上	0.9%	—	0.8%	—	0.7%	—

　7割程度が調査年に主催試合を一度以上観戦し，5割弱がビジターの試合を球場で観戦している．阪神ファンのビジターの試合での観戦の少なさが目立つものの，基本的に応援球団の違いは，球場観戦回数に有意な効果を与えていない．重要なのはライトなファンとヘビーなファンの差で，その壁は大きいといえる．

　多くのプロ野球ファンはふだん，さまざまなメディアを通じて試合経過をリアルタイムに把握する．9割のファンが地上波テレビ放送で，4割がBSで実況中継を視聴している（表1-14）．そこに応援球団，性別，球場観戦経験の差は有意な影響を与えていない．

　応援球団の違いが統計的に有意なかたちで表れているのが，利用者の少ないメディアである．すなわち，阪神・広島ファンほどCSの中継を視聴し，阪神ファンほどラジオ中継を聴き，広島ファンほどインターネットのニュー

表 1-14 実況中継視聴メディア

	全体比率 (1,098 人)	有 意 な 主 効 果		
地上波でのテレビ中継	90.1%			
BS でのテレビ中継	43.2%		男 性	前年観戦
CS でのテレビ中継	15.3%	阪神ファン・ 広島ファン		前年観戦
インターネットの動画配信	10.9%			前年観戦
ラジオ中継	23.4%	阪神ファン		
インターネットのニュース速報	34.8%	広島ファン		
ソーシャルメディア	4.3%			
あてはまるものはない	2.8%			

注) 表 1-14, 1-15 ともに,「前年観戦」は,前年に1回以上球場で観戦経験があること.有意な主効果とは,ロジスティック回帰で主効果が 5% 有意となった変数であることを意味する（交互作用については省略）.
出所) 表 1-14, 1-15 ともに,1回目調査（2014 年 7 月）.

表 1-15 球団への応援行動

	全体比率 (1,098 人)	有 意 な 主 効 果		
球場またはテレビの前で，応援グッズを持って応援する	18.5%	阪神ファン	男 性	前年観戦
球場では，外野応援席で応援することが多い	13.4%	広島ファン		前年観戦
応援する球団の魅力を，周囲の人々に伝えようとしている	10.3%	広島ファン		前年観戦
いつも球場で一緒に応援する仲間がいる	8.1%	広島ファン		前年観戦
応援している球団のファンクラブに入っている	5.6%			前年観戦
ネット上で，同じ球団のファンどうしで交流している	4.7%	広島ファン		前年観戦
応援する球団のファンが集まる飲食店によく行く	3.0%			
球団の私設応援団に入っている	0.5%			
この中にあてはまるものはない	61.0%	巨人ファン		前年非観戦

ス速報で試合経過を知る傾向がある．利用メディアの違いには，年齢差も関係していそうである．

　球団の応援には，試合を見て声援を送る以上の，よりアクティブな選択肢がある（表 1-15）．ファンクラブへの加入から応援グッズを使った応援まで 8 つの行動について質問したが，どの球団のファンであっても，そうした行

動をとる者がそう多いわけではない．前年に球場観戦の経験があるヘビーな
ファンほど，さまざまな応援行動をとる比率が高いが，それでも最も多いの
が「球場またはテレビの前で，応援グッズを持って応援する」の31%でし
かない（ライトなファンでは8.4%）．

　こうした行動に応援球団の違いは影響しているだろうか．比率が比較的高
い応援グッズを持った応援については，阪神ファンになるほど有意に多くな
る．比率として低い応援行動のなかでは，球場に行くと外野席で応援すると
か，球場に応援する仲間がいるとか，ネットでファンと交流するとかいった
行動が，広島ファンにおいて有意に多い．また，球団の魅力を周囲に伝える，
いわゆるエヴァンジェリスト（伝道師）的な行動をとりがちなのも広島ファ
ンの特徴だ．こうした応援行動を一切行わないことが，巨人ファンほど有意
に多くなるのも，ファンの気質の違いを表している．

3.4　応援に関わる消費支出

　熱狂的なファンが球場を何度も訪れ，そこで消費することで球団収入が増
加することが，少なくとも短期的に見た球団マーケティングの目標であろう．
2回目調査では，2014年を通してチケット購入や球場における飲食などにい
くら支払ったか，球団が販売したりライセンスを供与したりしているグッズ
の購入にいくら支払ったかをファンに質問している．

　応援する球団の試合（主催試合かビジター試合かを問わない）で，ファン
がチケット購入や球場内の飲食による消費を行うことを「球場消費」と呼ぶ
ことにする．表1-16を見ると，巨人ファン＜阪神ファン＜広島ファンの順
で2014年の球場消費経験率が高くなるように見えるが，実は応援球団の効
果は統計的に有意ではない．むしろ前年の球場観戦経験の効果が有意である．

　次に，球場消費の経験者に限定して，球場消費の金額（通年の合計）に応
援球団や性別の効果があるかどうかを分析してみた．表1-17から，巨人ファ
ン＜阪神ファン＜広島ファンの順で消費金額（球場消費経験者における平
均）が大きいように見えるが，応援球団の効果はここでも有意ではない．性
別や前年の球場観戦経験の効果も有意ではない．

　球場での消費は購入可能なサービスの範囲に限度があるので，応援球団や

表 1-16　球場消費経験率

	人数	比率 (%)
巨人ファン	239	36.8
阪神ファン	243	43.2
広島ファン	258	48.8
男　性	416	42.1
女　性	324	44.4
前年球場非観戦	404	14.1
前年球場観戦	336	78.0[aa]
計	740	43.1

注）　ロジスティック回帰分析の結果.
　　aa: p＜0.001（交互作用の結果は省略）.
出所）　表 1-16～1-19 ともに, 2 回目調
　　査（2014 年 12 月）.

表 1-17　球場消費金額
（経験者 1 人当たり）

	人数	平均（円）	標準誤差
巨人ファン	88	5,465.9	682.7
阪神ファン	105	6,795.2	762.3
広島ファン	126	7,019.8	799.8
男　性	175	6,765.7	576.7
女　性	144	6,215.3	696.0
前年球場非観戦	57	6,886.0	1,131.9
前年球場観戦	262	6,437.0	484.1
計	319	6,517.2	445.4

表 1-18　グッズ購入経験率

	人数	比率 (%)
巨人ファン	237	30.0
阪神ファン	244	37.3
広島ファン	257	48.6[a]
男　性	410	34.9
女　性	328	43.9
前年球場非観戦	404	21.0
前年球場観戦	336	60.7[aa]
計	738	38.9

注）　ロジスティック回帰分析の結果.
　　aa: p＜0.001, a: p＜0.01（交互作用の
　　結果は省略）.

表 1-19　グッズ購入金額
（経験者 1 人当たり）

	人数	平均（円）	標準誤差
巨人ファン	71	4,823.9	674.7
阪神ファン	91	5,467.0	792.5
広島ファン	125	6,520.0	756.9
男　性	143	6,545.5	684.8
女　性	144	4,993.1	571.8
前年球場非観戦	85	4,276.5	567.7
前年球場観戦	202	6,393.6	584.2
計	287	5,766.6	447.4

観戦回数の差が影響しないのは当然かもしれない．しかし球団関連グッズは販売チャネルが球場内に限られないので，熱狂的なファンを抱える球団ほど売れる可能性がある．グッズ購入の経験率は巨人ファン＜阪神ファン＜広島ファンの順で高くなり（表 1-18），しかも応援球団の違いは有意な効果を与えている（ただし，広島ファンの購入経験率が高いだけで，巨人ファンと阪神ファンの間に差はない）．性別の効果は有意ではないが，前年の球場観戦経験の効果は有意である．

　グッズ購入経験者の年間支払金額については，応援球団，性別，前年観戦経験といった要因は有意な効果がない．つまり，応援球団の違い，また前年

の観戦経験の有無（ヘビーなファンかライトなファンか）は，球団関連グッズを購入するかどうかには影響するが，購入した場合の支払い金額の大小には影響しないということだ．先に見たとおり球場での消費の有無や金額にも影響しないので，球団収入を増やすには，まずグッズ購入者の裾野を広げることが望まれる（表 1-19）．

　しかしながら，同じ球団を応援し，前年の観戦経験が同じでも，応援球団への熱狂度の差があれば，球場消費やグッズ購入が変わるかもしれない．そこで，応援球団と前年観戦経験で層別したあと，球団への感情温度と球場消費やグッズ購入の程度にどのような関係があるかを分析した．その結果から有意な関係を拾い出すと，以下のようになる．

- 感情温度が高いほど球場での消費経験率が増える関係が，前年観戦経験のある広島ファンだけに見られる（表 1-20）．
- 感情温度によって球場での消費金額が変化する関係は，応援球団，前年観戦経験を関わらず見られない（表 1-21）．
- 感情温度が高いほどグッズ購入経験率が増える関係が，前年観戦経験のある阪神ファンに見られる．前年観戦経験のない広島ファンでは，感情温度がきわめて高いか低いとき，グッズ購入経験率が高くなる（表 1-22）．
- 感情温度が高いほどグッズ購入金額が増える関係が，前年観戦経験のある阪神ファンと広島ファンに見られる（表 1-23）．

　もともと球団への感情温度が高い阪神・広島ファンであるが，そのなかで感情温度がより高い者は，グッズの購入率やその金額が高い．もちろん，ここでの分析結果は相関を示すだけで，そこに因果関係がある保証はない．しかし，球団の収入を増やすための戦略として，ファンの熱狂を高めるマネジメントに挑戦する価値は十分あると考えられる．

表1‑20　感情温度別の球場消費経験率

球場観戦		1　回　以　上				な　　　し			
感情温度（度）		70未満	70〜79	80〜89	90以上	70未満	70〜79	80〜89	90以上
巨人	比率（%）	50.0	75.9	75.0	75.7	9.5	8.5	10.0	4.0
	人数	6	29	32	37	21	59	30	25
阪神	比率（%）	69.2	60.9	84.6	74.0	15.8	14.3	18.2	21.6
	人数	13	23	26	50	19	42	33	37
広島	比率（%）	42.9	78.6	88.9	90.3ᵃ	18.7	2.7	19.2	23.7
	人数	7	14	27	72	16	37	26	59

注）　カイ二乗検定の結果．a: p＜0.01.
出所）　表1-20〜1-23ともに，2回目調査（2014年12月）.

表1‑21　感情温度別の球場消費金額

球場観戦		1　回　以　上				な　　　し			
感情温度（度）		70未満	70〜79	80〜89	90以上	70未満	70〜79	80〜89	90以上
巨人	平均（円）	2,000	3,190	5,594	3,311	381	924	283	160
	人数	6	29	32	37	21	59	30	25
阪神	平均（円）	5,692	4,370	6,288	5,110	2,263	440	833	838
	人数	13	23	26	50	19	42	33	37
広島	平均（円）	2,714	2,821	3,759	7,319	625	108	1,673	2,373
	人数	7	14	27	72	16	37	26	59

表1‑22　感情温度別のグッズ購入経験率

球場観戦		1　回　以　上				な　　　し			
感情温度（度）		70未満	70〜79	80〜89	90以上	70未満	70〜79	80〜89	90以上
巨人	比率（%）	20.0	48.3	60.6	55.6	15.0	10.3	13.3	11.5
	人数	5	29	33	36	20	58	30	26
阪神	比率（%）	38.5	40.9	70.4	70.0ᵇ	10.0	18.6	20.0	17.9
	人数	13	22	27	50	20	43	30	39
広島	比率（%）	57.1	46.7	64.3	73.5	47.1	21.6	19.2	42.4ᵇ
	人数	7	15	28	68	17	37	26	59

注）　カイ二乗検定の結果．b: p＜0.05.

表1‑23　感情温度別のグッズ購入金額

球場観戦		1　回　以　上				な　　　し			
感情温度（度）		70未満	70〜79	80〜89	90以上	70未満	70〜79	80〜89	90以上
巨人	平均（円）	800	1,397	3,227	3,778	225	250	517	808
	人数	5	29	33	36	20	58	30	26
阪神	平均（円）	1,115	1,659	2,370	5,750ᵇ	225	628	1,150	744
	人数	13	22	27	50	20	43	30	39
広島	平均（円）	1,143	1,700	2,768	7,221ᵇ	1,324	514	1,192	2,381
	人数	7	15	28	68	17	37	26	59

注）　分散分析の結果．b: p＜0.05.

4. 選手は球団への応援とどう関係するのか

　前の節では，ファンが球団を応援する要因として，当人の置かれた環境や球団の特性が重要であることを論じた．選手の魅力については，球団の応援理由（2.4節）の一つに「お気に入りの選手が所属している（していた）球団だから」という項目があり，とりわけ巨人ファンに支持されている．これだけ見ると，選手という要因は巨人ファンにとってのみ重要であるように見える．

　しかし，プロ野球の最大の売り物は個々の選手のプレイだと考えると，球団に対する熱狂と選手に対する熱狂が無関係であるとは考えにくい．一方，球団に所属する選手は毎年一定数が入れ替わるので，特定の選手の人気に依存しすぎないほうがよいことも事実である．したがって，所属選手の人気が球団の人気に結びつくことは球団として歓迎するが，選手の不人気や離脱が球団の不人気に結びつくことは避けたいはずである．

4.1　選手の人気

　この調査では対象者に応援している球団の選手リストを見せ，最大3人まで応援する選手を選ばせ，次いで最も応援する選手を1人選ばせている．応援する最大3人の選手に選ばれた比率で選手の人気順位を作り，順位ごとの度数分布を描いたのが図1-6である．一見してわかるように，少数の選手に人気が集中する傾向は，どの球団についても同じである（ここでは省略するが，性別や前年球場観戦経験の有無で比べても大きな差はない）．

　図1-7は，最も応援する選手について，同様の分布を描いたものである．応援する選手を3人選ばせたときより，1人だけ選ばせたときの分布のほうが急傾斜になり，上位集中がいっそう強くなる．ただし，1回目（7月）調査と2回目（12月）調査の分布を比べると，2回目では上位集中傾向が和らいでいる．おそらく，シーズンを通して個々の選手の活躍に触れることで，人気が分散するのであろう．

　各球団のファンが具体的にどの選手を応援しているかが，表1-24〜1-26

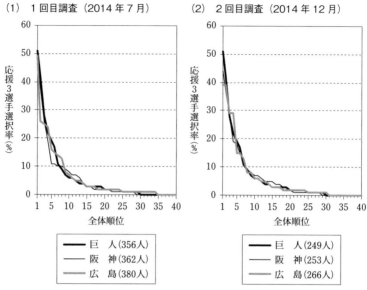

図1-6　応援選手（最大3人）の分布

出所）　図1-6, 1-7ともに，1回目調査（2014年7月）および2回目調査（2014年12月）．

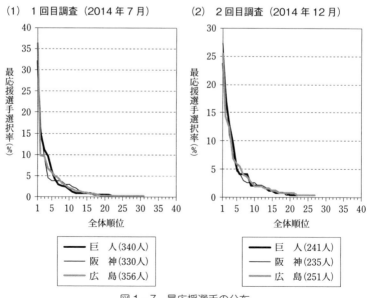

図1-7　最応援選手の分布

表 1 - 24　巨人ファンの最応援選手ベスト 10

男	性		女	性	
選手：巨人	1 回目 (169 人)	2 回目 (134 人)	選手：巨人	1 回目 (170 人)	2 回目 (106 人)
1 阿部 慎之助	27.8%	23.1%	1 阿部 慎之助	36.5%	24.5%
2 高橋 由伸	16.6%	17.2%	2 坂本 勇人	17.6%	22.6%
3 坂本 勇人	13.0%	14.2%	3 長野 久義	7.6%	2.8%
4 菅野 智之	12.4%	9.7%	4 内海 哲也	7.1%	7.5%
5 長野 久義	4.7%	5.2%	5 菅野 智之	7.1%	9.4%
6 澤村 拓一	3.6%	2.2%	6 高橋 由伸	5.9%	7.5%
7 山口 鉄也	3.0%	3.0%	7 松本 哲也	3.5%	5.7%
8 松本 哲也	2.4%	3.0%	8 山口 鉄也	2.4%	0.9%
9 内海 哲也	1.8%	3.0%	9 村田 修一	1.8%	2.8%
9 村田 修一	1.8%	1.5%			
9 亀井 善行	1.8%	6.7%			

出所)　表 1-24～1-26 ともに, 1 回目調査 (2014 年 7 月) と 2 回目調査 (2014 年 12 月).

表 1 - 25　阪神ファンの最応援選手ベスト 10

男	性		女	性	
選手：阪神	1 回目 (151 人)	2 回目 (129 人)	選手：阪神	1 回目 (162 人)	2 回目 (102 人)
1 鳥谷 敬	26.5%	20.2%	1 鳥谷 敬	36.4%	37.3%
2 藤浪 晋太郎	21.9%	24.0%	2 藤浪 晋太郎	14.2%	14.7%
3 能見 篤史	9.3%	12.4%	3 能見 篤史	10.5%	9.8%
4 新井 貴浩	6.0%	2.3%	4 マートン	6.2%	3.9%
4 関本 賢太郎	6.0%	1.6%	5 岩田 稔	5.6%	9.8%
6 上本 博紀	4.6%	3.9%	5 西岡 剛	5.6%	3.9%
7 ゴメス	4.0%	3.1%	7 新井 良太	4.9%	2.0%
8 マートン	3.3%	4.7%	8 大和	3.7%	4.9%
9 岩田 稔	2.6%	6.2%	9 新井 貴浩	2.5%	2.9%
9 メッセンジャー	2.6%	3.9%	9 関本 賢太郎	2.5%	2.9%

表 1 - 26　広島ファンの最応援選手ベスト 10

男	性		女	性	
選手：広島	1 回目 (177 人)	2 回目 (141 人)	選手：広島	1 回目 (176 人)	2 回目 (107 人)
1 前田 健太	40.7%	30.5%	1 前田 健太	32.4%	19.6%
2 菊池 涼介	9.0%	13.5%	2 大瀬良 大地	11.4%	14.0%
3 大瀬良 大地	7.9%	11.3%	3 菊池 涼介	10.8%	15.9%
4 一岡 竜司	6.8%	3.5%	4 堂林 翔太	8.5%	9.3%
5 丸 佳浩	5.6%	5.7%	5 丸 佳浩	8.0%	5.6%
6 梵 英心	3.4%	3.5%	6 梵 英心	6.8%	9.3%
6 堂林 翔太	3.4%	5.0%	7 エルドレッド	4.5%	0.9%
8 赤松 真人	2.8%	2.1%	8 今村 猛	3.4%	1.9%
9 今村 猛	2.3%	3.5%	9 廣瀬 純	2.8%	3.7%
10 エルドレッド	2.3%	2.1%	10 一岡 竜司	2.3%	4.7%
			10 栗原 健太	2.3%	1.9%

に示されている（最応援選手の結果だけを掲載する）．そこからわかるのは，人気上位に挙がる選手に，男女差や調査時点による差がほとんどないことである．つまり，人気がある選手は男女を問わず応援されており，それは全体として見ると，半年程度ではさほど変化しないということだ．

　以下では，ファンが最も応援選手に対して持つ知覚や魅力を分析する．すでに述べたように各球団のファンの最応援選手は少数の選手に集中していることに留意しながら，主に応援球団による違いを見ていくことにしよう．

4.2　選手と球団のパーソナリティ

　ファンが特定のプロ野球選手を応援するのは，彼の選手としての能力や実績だけでなく，本人の人間的な特性——すなわちパーソナリティも影響しているはずである．そこでパーソナリティの測定尺度として定番的な Big Five に注目し，その日本版尺度（小塩ほか 2012）を測定に用いることにする（ただし，今回の調査対象に合わせて若干の語句の修正を行った）．

　Big Five とは，パーソナリティを「外向性」「協調性」「勤勉性」「神経症性」「開放性」の 5 因子で捉える心理学上のモデルである．今回用いた日本版尺度では，因子ごとに，逆転項目を含めた測定項目が 2 つ用意されている．したがって，2 項目間の差が大きい因子は，Big Five に基づくパーソナリティがより明確になっているといえる[3]．表 1-27 を見ると，そうした因子として「協調性」「勤勉性」「神経症性」の 3 つを挙げることができる．

　これらの 3 因子で高い得点をとる選手とは，チームワークを重んじ（協調的），自己に厳しく（勤勉），冷静で安定している（神経症的でない）と見られる選手であり，これこそファンがプロ野球選手に求めるものといえる．これらのパーソナリティが応援球団によってどう違うかを調べると，巨人ファンと広島ファンは応援選手がより勤勉である（しっかりして，自分に厳しい）と知覚し，阪神ファンは応援選手がより神経症的である（心配症で，う

---

3)　たとえば「外向性」因子は「活発で，外向的である」と「ひかえめで，おとなしい」の 2 項目で測定されている．2 番目の項目は逆転項目と呼ばれ，その水準が低いほど因子（この場合，外向性）の得点が高いことを意味する．したがって，これら 2 項目の水準の差が大きいほど，因子の高低が明確になる．

表1-27　最応援選手のパーソナリティ知覚（5点尺度）

		全体平均 (1,026人)	差	有　意　な　主　効　果	
外向性	活発で, 外向的である	3.46	0.49	阪神ファン（−） 広島ファン	女性
	ひかえめで, おとなしい	2.97			男性
協調性	気をつかい, やさしい	1.68	−2.12		女性
	もめごとを 起こしやすい	3.80			
勤勉性	しっかりして, 自分に厳しい	4.02	2.29	巨人ファン 広島ファン	
	だらしなく, うっかりしている	1.73			
神経症性	心配症で, うろたえやすい	2.10	−1.72	阪神ファン	
	冷静で, 安定している	3.82			
開放性	新しいことが好きで, 個性的	3.10	0.61	広島ファン	女性
	保守的で, 平凡である	2.49			

注）　有意な主効果とは，重回帰分析で主効果が5%有意となった変数であることを意味する
　　（交互作用については省略）．（−）は負の効果．
出所）　表1-27, 1-28ともに，1回目調査（2014年7月）．

ろたえやすい）と知覚している．

　選手のパーソナリティを明確には捉えていないと考えられる「外向性」
「開放性」因子においても，いくつかの項目は応援球団による差が見られる．
広島ファンは他球団のファンより，自分たちが応援する選手は「活発で，外
向的」（外向性因子の1項目），「新しいことが好きで，個性的」（開放性因子
の1項目）と評価している．また，女性のファンは男性のファン以上に，応
援選手にこうしたパーソナリティがあると見ている．

　実はこの調査では，球団のパーソナリティについても同様の質問を行って
いる（表1-28）．球団は組織であり個人ではないので，そのパーソナリティ
を考えることに違和感を覚える向きがあるかもしれない．しかし，マーケテ
ィングでは，ブランドにパーソナリティを見出す研究の流れがあり，そこで
も測定尺度としてBig Fiveが応用されている（Aaker 1997）．

　球団のパーソナリティを横軸，選手のパーソナリティを縦軸とした空間を

表1‑28　最応援球団のパーソナリティ知覚（5点尺度）

		全体平均 (1,098人)	差	有　意　な　主　効　果		
外向性	活発で， 外向的である	3.38	0.65	巨人ファン	女性	
	ひかえめで， おとなしい	2.73		広島ファン		
協調性	気をつかい， やさしい	2.38	−0.94	阪神ファン（−） 広島ファン		
	もめごとを 起こしやすい	3.32		阪神ファン 広島ファン（−）		
勤勉性	しっかりして， 自分に厳しい	3.25	1.03	巨人ファン 広島ファン		
	だらしなく， うっかりしている	2.22		阪神ファン		
神経症性	心配症で， うろたえやすい	2.53	−0.39	阪神ファン		
	冷静で， 安定している	2.92		巨人ファン		前年観戦
開放性	新しいことが好きで， 個性的	3.14	0.35	広島ファン		
	保守的で， 平凡である	2.79				

注）「前年観戦」は前年に1回以上球場で観戦経験があること．有意な主効果とは，重回帰分析で主効果
　　が5%有意となった変数であることを意味する（交互作用については省略）．（−）は負の効果．

作り，各パーソナリティ項目をプロットしたのが図1-8である．これを見る
と，巨人・広島ファンでは，球団と選手のパーソナリティが正に相関してい
るが，阪神ファンではあまり相関していないことがわかる．つまり，巨人・
広島ファンの目には球団と選手のパーソナリティは一貫しているが，阪神フ
ァンの目には両者は別物なのである．

　球団と選手のパーソナリティが類似している項目を取り上げてみよう．巨
人・広島ファンは，球団と選手がともに「しっかりしていて，自分に厳し
い」と見ている．阪神ファンは球団・選手とも「心配症で，うろたえやす
い」と見ている（ただし上述のように，阪神ファンの見る球団と選手に対す
るパーソナリティは全般に一貫していない）．広島ファンは球団・選手とも
「新しいことが好きで，個性的」だと見ている．

　球団と選手のパーソナリティが乖離している項目もある．阪神ファンは球
団を「もめごとを起こしやすい」「だらしなく，うっかりしている」と見て

(1) 巨人ファン (340人)

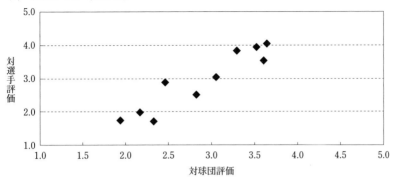

(2) 阪神ファン (330人)

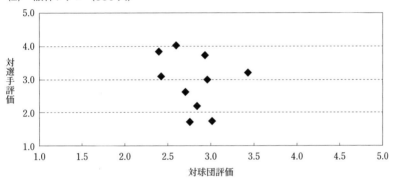

(3) 広島ファン (356人)

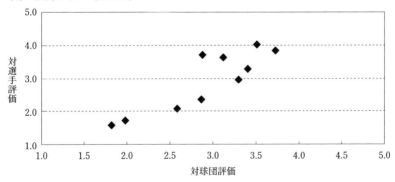

図1-8 球団と選手のパーソナリティ (5点尺度)

出所) 1回目調査 (2014年7月).

いるが，選手に対してはそう見ていない．巨人ファンは球団を「冷静で，安定している」と見ているが，選手に対してはそうではない．広島ファンは球団を「ひかえめで，おとなしい」と見ているが，選手に対してはそうではない．

4.3 選手の魅力と応援行動

話を一歩先に進めて，ファンが応援する選手に感じている魅力について検討しよう．この調査では，スポーツマネジメント領域での先行研究（Arai *et al.* 2013）で用いられた項目に基づき，5 点尺度で応援選手の魅力を評価させている．その結果（表 1-29）によれば，応援球団に関係なく大きな魅力になっているのが「ファンに対する接し方」の素晴らしさと「野球選手の模範」である．

応援球団による差を見ると，巨人ファンは，選手が「プロ野球界で圧倒的に凄い」「ライバルとの戦いが，ドラマティック」「生き方が，ドラマティック」といった点に魅力を感じ，選手に一種の物語性を見出している．広島ファンもそれに近い面がある．他方，阪神ファンは他の球団のファンに比べ，応援選手が「身体のコンディションをベストに保っている」ことに魅力を感じている．

先に述べたパーソナリティと同様，応援する選手に対する見方が，巨人・広島ファンと阪神ファンとではかなり違う．巨人・広島ファンが魅力を感じる選手は，自己に厳しく，ファンサービスを怠らず，他の選手の模範になる，いわば優等生的な選手だ．それに対して阪神ファンが魅力を感じる選手は，心配性でうろたえやすいが，フィジカル面での準備に怠りない選手である．

ファンの応援は，個別の選手に対して特別な形で行われることもある．いくつかの具体的な応援行動の候補を提示し，対象者に選択してもらった（表 1-30）．そのような行動をとっているのはファンのなかでも少数だが，相対的に多いのが「その選手の応援歌を歌うことができる」ことである．また，阪神・広島ファンは巨人ファンより「その選手のユニフォームを着て球場で応援する」傾向がある．巨人ファンには，ここで挙げたような選手に対する応援行動を行わない者が多い．

表1-29　最応援する選手の魅力（5点尺度）

	全体平均 （1,026人）	有　意　な　主　効　果		
～のファンに対する接し方は， 素晴らしい	3.86		女性	前年観戦
～は，野球選手の模範といえる	3.77			前年観戦
～は身体のコンディションを ベストに保っている	3.75	阪神ファン		
～は，プロ野球界で 圧倒的に凄い選手である	3.68	巨人・広島ファン		
～は，敵を含む他の選手に 敬意を持っている	3.67			前年観戦
～の見た目は，素敵である （イケメンである）	3.65			
～は，他の選手に比べて カリスマ性がある	3.64			前年観戦
～とライバルとの戦いが， ドラマティックである	3.48	巨人・広島ファン	男性	
～の生き方は， ドラマティックである	3.38	巨人ファン		
～のファッションは， トレンディである	3.01		女性	

注）　表1-29, 1-30ともに，「前年観戦」は前年に1回以上球場で観戦経験があること．有意な主効果とは，
　　　ロジスティック回帰で主効果が5%有意となった変数であることを意味する（交互作用については省略）．
出所）　表1-29, 1-30ともに，1回目調査（2014年7月）．

表1-30　選手への応援行動

	全体比率 （1,026人）	有　意　な　主　効　果		
その選手の応援歌を 歌うことができる	11.4%		女性	前年観戦
その選手のユニフォームを着て 球場で応援する	9.5%	阪神・広島ファン	女性	
その選手のサイン入りグッズを 持っている	6.9%			
その選手の名前が入ったグッズを 持ち歩いている	5.6%		女性	前年観戦
その選手に関連する図書・雑誌は なるべく購入する	4.6%			
その選手が映ったポスターや カレンダーを自宅に貼っている	4.3%	阪神ファン		前年観戦
その選手の写真・画像を 持ち歩いている	4.0%			
その選手のトークショーに 参加したことがある	1.7%			
この中にあてはまるものはない	74.5%	巨人ファン	男性	前年非観戦

4.4　球団・ファン・選手の関係

　球団とファン，そして選手の関係に対しては，有名なハイダーのバランス理論を適用してみよう（Heider 1946）．この理論によれば，球団・ファン・選手のような三者間の関係は，誰と誰がポジティブな（あるいはネガティブな）関係になるかで，バランスがとれたりとれなかったりする．その組み合わせは，図1-9のようになる（ただし，球団と選手の関係はポジティブな場合に限定する）．

　球団や選手はファンから好意を持たれることを望んでいる．したがって，ファンが球団ないし選手に対して好意（敵意）を持てば，両者はポジティブ（ネガティブ）な関係になる．図1-9に掲げられた三者関係のパターーンのうち，バランスがとれて安定するのは，ファンが球団・選手の両方に好意を持つか，その両方に敵意を持つ場合である．球団にとっては望ましいのは，当然前者である．

　三者関係のバランスが崩れるのは，ファンが球団に好意を持ちながら選手に敵意を持つ場合，あるいはその逆の場合である．このとき，ファンが球団または選手への態度を変えることでバランスが回復される．たとえば，好きな選手ができ，その選手と球団の関係が良好なら，選手が所属する球団を好きになるよう導かれる．

　こうしたバランス理論は，実際にプロ野球球団と選手，ファンの間の関係を説明できるのだろうか．バランス理論が成り立っているなら，球団への応援度と選手への応援度との間には正の相関が生じるはずである．そこで，調査で測定した「応援球団をずっと応援したい」程度と「応援選手をずっと応援したい」程度（いずれも5点尺度）の相関係数を計算してみよう．その結果は，巨人ファンで0.554，阪神ファンで0.468，広島ファンでは0.478でいずれも有意であった．

　ただし，このような相関は，バランス理論以外の仮説によって説明される可能性がある．たとえば，注目していた選手が所属する球団の勝利に貢献する場面に遭遇したファンが，その選手と球団をいっそう応援するようになったとしよう．そのような幸運に恵まれないファンもいるので，球団と選手の

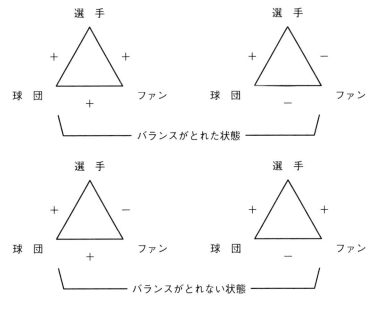

図1-9　球団・ファン・選手の三者関係

注）　球団と選手の関係が＋の場合に限定.

応援度に相関が生じるかもしれない.

　球団の人気と選手の人気のどちらが原因かを突き止めるため，次のような思考実験をファンにしてもらった．いま最も応援している選手が他球団に移籍したとしたらどうするか，である．あり得る選択肢は，①応援してきた球団を応援しながら，別の球団に移った選手も応援する，②球団を応援し続け，その選手の応援はやめる，③その球団の応援をやめ，選手を応援し続ける，④どちらも応援するのをやめる，のいずれかである.

　移籍した選手と元所属した球団の関係はネガティブになったと考えられるので，バランス理論からすると，ファンは②か③を選択するしかない．①を選択した場合，三者関係のバランスはとれなくなるからだ．バランスを回復するには，球団か選手のどちらかを嫌いになる必要がある．その選択が非常に難しい場合，どちらも応援しないという④の選択も考えられる.

表 1‑31　最応援選手移籍への対応

	全体構成比 （1,098 人）	有意な主効果
① 球団も選手も応援する	72.9%	
② 球団を応援，選手は応援せず	22.4%	女性
③ 球団を応援せず，選手を応援	1.4%	
④ 球団も選手も応援せず	3.3%	

注）1 回目調査（2014 年 7 月）．有意な主効果とは多項ロジスティック回帰で主
　　効果が 5% 有意となった変数であることを意味する（交互作用については省
　　略）．

　この問いに対して圧倒的多数が選んだのは①であった（表 1-31）．この結果は，バランス理論の予測とは一致しない．もちろん，他球団へ移籍した選手を応援する度合いは，時間とともに低下していくとも考えられる．バランスの回復には，それなりの時間がかかるというわけだ．そうであれば，バランス理論は長い目では妥当するかもしれない．ちなみに，2 番目に多かったのは②で，バランス理論と合致する．男性より女性のほうが，そうした選択を行う比率が高かった．

5.　熱狂をマーケティングする意味

　巨人・阪神・広島 3 球団のファンに対する調査からわかったことをまとめたい．まず，いつ，いかにして球団のファンになるかで，先天的ファンと後天的ファンとを区別できる．先天的ファンとは，物心がつく以前に，家族や地域に順応するかたちでファンになった人々だ．3 球団とも，基本的にはこういうファンが基盤になっている．後天的ファンとは，ある程度の年齢を経て，主体的に応援球団を選び取った人々である．

　巨人ファンは平均すると 10 代前半に応援を始め，阪神・広島ファンより 3 年ほど早い．したがって先天的ファンの比率が高い．そこには家族や地域だけでなく，マスメディアの力も働いてきた．それに比べ広島ファンには，後天的ファンがより多く含まれている（広島ファンほどではないが，阪神ファンにもそうした面がある）．先天的ファンがつねに生み出される土壌があれば，ファン基盤は維持される．しかし，離脱していくファンを考えると，後天的ファンの獲得が欠かせない．少子化の進行，マスメディアの影響力の

低下で，後天的ファン獲得の重要性はますます高まっている．

いったん獲得したファンを維持し，そこから収益をあげていくには，通常のマーケティングでいう顧客ロイヤルティの形成が求められる．しかし，球場まで足を運ぶ，グッズを購入するといった行動に導くには，球団との心理的な絆だけでなく，「熱狂」という要素が欠かせない．

感情温度や応援行動で測られた熱狂は，巨人＜阪神＜広島の順に高い．そして，個々のファンの球団関連グッズの購入経験率はこの順に高くなる（ファンの総数が違うので，総収入額がこの順で多くなるわけではない）．また阪神・広島ファンの場合，熱狂度が高いファンほどグッズ購入の経験率がさらに高くなる．熱狂は球団マーケティングにとって，重要な目標なのである．

ファンの球団に対する熱狂や巨人への敵意という点で，阪神・広島ファンには類似点が少なくないが，異なる点もある．広島ファンは（巨人ファンと同様）球団と選手に同じようなパーソナリティを見ているが，阪神ファンは必ずしもそうではない．つまり阪神ファンは，球団と選手を切り離して応援しているように思える．それは，相乗効果という点では好ましくないが，リスク分散という点では好ましい．

本章4節で紹介したハイダーのバランス理論などを考えると，球団と選手のパーソナリティに一貫性があったほうが球団への熱狂が高まると考えられる．ただ，そうした関係は逆に，応援選手への失望や移籍によって球団への熱狂を低下させてしまうリスクを秘めている．したがって，阪神のようにそれらが緩い関係にあると球団はリスクを回避できる．球団と選手の関係については，第3章でさらに詳しく分析する予定である．

参考文献

小塩真司，阿部晋吾，カトローニ・ピノ（2012），「日本語版 Ten Item Personality Inventory（TIPI-J）作成の試み」『パーソナリティ研究』第21巻1号，40-52頁．

Aaker, Jennifer L. (1997), "Dimensions of Brand Personality," *Journal of Marketing Research*, Vol. 34(3), pp. 347-356.

Arai, Akiko, Yong J. Ko, and Kyriaki Kaplanidou (2013), "Athlete Brand Image: Scale Development and Model Test," *European Sport Management Quarterly*, Vol. 13(4), pp. 383-403.

Blattberg, Robert C. and J. A. Deighton (1996), "Manage Marketing by the Customer Equity Test," *Harvard Business Review*, Vol. 74(4), pp. 136-144.

Heider, Fritz (1946), "Attitudes and Cognitive Organization," *Journal of Psychology: Interdisciplinary and Applied*, Vol. 21(1), pp. 107-112.

Weisberg, Herbert F. and Jerrold G. Rusk (1970), "Dimensions of Candidate Evaluation," *American Political Science Review*, Vol. 64(4), pp. 1167-1185.

第2章

人はなぜその球団を応援するのか
——「遊び」の理論から見たプロ野球球団への選好

水 野　誠

1. 「遊び」としてのプロ野球観戦

　プロ野球を観戦することは「娯楽」「エンタテイメント」であり，わかりやすくいえば「遊び」である．観戦に費やす時間を労働に向ければ所得が増え，勉強に向ければ知識が増える可能性があり，プロ野球観戦はその意味で生産的ではない．しかし，現代人は人生のかなりの時間を遊びに費やしている．遊びのない人生は味気なく，虚しいという感覚に，多くの人々が共感するだろう．

　プロ野球を観戦することで人々は何を得るのだろう．各球団のファンがとりあえず望むのは，応援する球団が敵に勝利することである．ただし，最強の球団でさえ勝率は7割程度であり，全球団の平均勝率は定義上5割である．勝利の歓びを味わえる確率はそう高くない．それは宝くじよりましだといっても，勝ったときに得られる実利は，宝くじに比べてなきに等しい．

　それでも多くのファンは好きな球団を熱心に応援する．応援する球団が勝利することを祈りつつも，勝率が100%だと実際には興味を失うだろう（Neale 1964）．負ける可能性があるからこそ勝つとうれしいのであり，敗北の苦痛に耐えたからこそ，勝利したときに味わう歓びが大きいのである．

　つまり，プロ野球ファンの心理は合理的でない面が多く，一筋縄には理解できないものなのだ．それを少しでも構造的に捉えるために，フランスの社

会学者ロジェ・カイヨワ（1913〜1978）が著した『遊びと人間』を参照することにしたい（カイヨワ　1990）．そこで提示された「遊び」の分類はあまりに有名なので，ご存知の読者も多いだろう．本章ではその枠組みに従い，プロ野球ファンの応援球団に対する選好を決める要因を分析する．

2.　カイヨワ理論から見たプロ野球観戦

この節では最初に，カイヨワの「遊び」の分類について紹介する．次いで，それがプロ野球観戦という遊びに，どのように適用できるかについて議論する．プロ野球観戦には，単なる試合の観戦だけでなく，応援行動という側面がある．特に日本のプロ野球では，ファンによる応援は組織立って行われ，それ自体が一つの遊びになっているといって過言ではない．したがって，カイヨワの分類を応用する際にも，そうした独自性を考慮する必要がある．

2.1　カイヨワ理論の概要

カイヨワによれば，遊びは，①アゴン（競争），②アレア（運），③ミミクリ（模擬），④イリンクス（眩暈）という4つのカテゴリに分類される．それぞれのカテゴリに属する遊びの例と，社会における対応物をまとめたのが，表2-1である．

カイヨワは，上述の遊びのカテゴリの間には，その関係を制約する規則があるという．それについて『遊びと人間』の訳者の一人である多田道太郎が描いた図を用いて説明してみよう（図2-1）．この図で縦に並んだ①と②，そして③と④という2つの組み合わせが「根源的」とされる．それぞれのペアにおいては，上に位置する①または③が「創造的」と考えられている．

一方，横に並んだ①と③，また②と④は「偶発的な」組み合わせで，たまにしか起きないとされている．斜めの位置にある①と④，または②と③は「禁じられた」組み合わせで，まず一緒になることはない．また，社会の近代化とともに，③と④の組み合わせから①と②の組み合わせへと移行する，とカイヨワは主張する．

表2-1　カイヨワによる遊びの分類

		社会機構の外縁にある文化的形式	社会生活に組み込まれている制度的形態	堕　落
①	アゴン（競争）	スポーツ	企業間の競争，試験，コンクール	暴力，権力意志，術策
②	アレア（運）	富くじ，カジノ，競馬場，施設賭博	株式投機	迷信，占星術など
③	ミミクリ（模擬）	カーニヴァル，演劇，映画，スター崇拝	制服，礼儀作法，儀式，表現にたずさわる職業	狂気（疎外），二重人格
④	イリンクス（眩暈）	登山，スキー，空中サーカス，スピードの陶酔	眩暈の統御を見せる職業	アルコール中毒，麻薬

出所）　カイヨワ（1990）106頁.

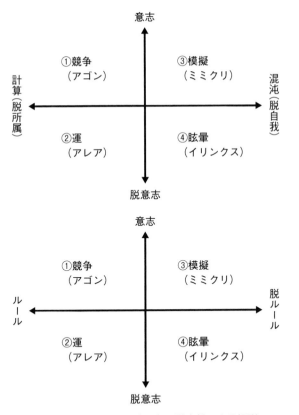

図2-1　カイヨワ理論の多田道太郎による解説

出所）　カイヨワ（1990）359頁.

2.2　プロ野球観戦への適用

　プロ野球にカイヨワの分類を当てはめてみよう．ペナントレースは1年をかけて，厳格に定められたルールのもとで展開される競争である．ただし，野球の結果には，選手の能力と努力以外に偶然が大きく作用する．最初に述べたように，100%勝つことが決まっていると魅力は低下するので，そうした偶然も魅力の一部になっている．したがって，プロ野球観戦は，①アゴン（競争）と②アレア（運）が組み合わさったものだといえる．

　カイヨワによれば，アゴン（競争）にミミクリ（模擬）が加わることは偶発的で，そこにイリンクス（眩暈）が加わることはまずあり得ないという．しかし，プロ野球の場合，必ずしもそうではないように思える．ミミクリ（模擬）は決まったパターンを繰り返す遊びであり，カーニヴァルや演劇が典型である．プロ野球の観戦に着目すると，そうした要素を無視できないのである．

　野球の特徴は，選手間の連係プレイにいくつも「型」があることである．あるところに打球が飛んで近くにいた野手が捕球した場合，次にどこに球を投げるか，他の選手はどこに走るかはかなりの程度「型」として決まっている．プロの選手ともなれば，それをほぼ完全にやってのける．球場で直に観戦すると，統率がとれ俊敏な連係プレイに唸らされることになる．

　こうした「型」はファンの応援行動にもある．各球団のファンはそれぞれの型に従い，一体となって応援する．巨人ファンは皆でオレンジ色のタオルを振り回し，阪神ファンは「六甲おろし」を歌い，広島ファンはスクワット応援をする．それらのタイミングや様式は応援団によって一定程度統率されるとともに，熱心なファンの間では暗黙のうちに共有されている．

　ファンが個々バラバラに応援するのではなく，一定の型に従うことで，応援は迫力を増す．ファンがまるで一つの主体のように試合に参加し，応援するチームの選手たちと一体化する．応援という身体運動を観客が一体となって行うことで一種の共鳴現象が生じ，没我的な陶酔感・恍惚感を味わえる可能性さえある．だとすると，それはイリンクス（眩暈）にもなり得る．

　日本のプロ野球観戦は，競争と運を楽しむだけでなく，熱狂的で統率のと

れた応援という新たな遊びを生み出したといえる．ミミクリとイリンクスの組み合わせは，カイヨワが根源的と呼ぶものである．日本のプロ野球の応援行動のかなりの部分は，ファンが独自に創り出したものだという（高橋2011）．したがって，応援行動によって観客自身が価値創出に参加し，最近流行りのことばでいえば価値共創が起きているといっても過言ではない（Vargo and Lusch 2004）．

2.3 球団選好の説明

　プロ野球ファンが観戦によって得る価値はカイヨワの枠組みに従うとしても，どの要素を重視するかは応援する球団によって異なるかもしれない．言いかえると，観戦に期待する価値の違いに応じて，ファンは応援する球団を選んでいることになる．球団マーケティングの立場からすれば，顧客であるファンの期待を理解できなければ，顧客を失う恐れがあるのだ．

　本章では，カイヨワの「遊び」の分類に基づいてプロ野球ファンの期待を測定する項目を作り，尺度化する．そして，それによって応援する球団の違いを説明するモデルを構築する．こうしたプロセスを図示したものが図2-2である．そこで用いられるデータは，第1章で紹介した調査から得られたも

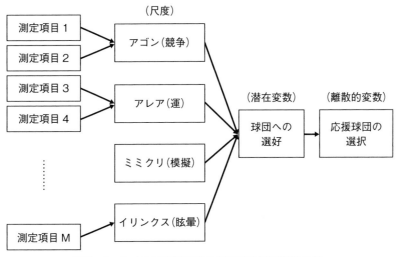

図2-2　カイヨワ理論に基づく応援球団の選択モデル

のである.

3. カイヨワの「遊び」の分類を尺度化する

　プロ野球ファンがどの球団を応援するかは，第1章で述べたように，その人の置かれた環境や本人の好みなど，さまざまな要因に影響される．ここではそうした要因の一つとして，ファンがプロ野球観戦に期待する価値に注目する．そうした価値は，カイヨワの「遊び」の分類に基づいて構成される．本節では，そうした価値を測定する尺度を通して，ファンがプロ野球にどのような遊びを求めているかを明確にする．また，開発された尺度が妥当かどうかも確認する．

3.1　競争と運の測定項目

　近代スポーツを特徴づけるアゴン（競争）とアレア（運）について，それぞれを測定する項目を考えよう．アゴンについては，

- 大差をつけて相手球団に勝つこと
- 競り合った挙げ句，最後に勝つこと
- 応援する球団より地力で勝る球団に勝つこと

という3つの測定項目を考える．いずれも競争に勝つ状況を記述しているが，その状況は互いに異なっている．大差で勝つことは，アゴンがもたらす価値を確実にすることであり，ある意味でアゴンの本質的部分といえよう．一方，競り合った挙げ句に最後に勝つことは，困難を経験したのちに喜びに至るという，ドラマによくあるカタルシス（精神的浄化）の価値に対応する．もう一つ，強い相手に勝つという，判官贔屓，反主流・異端への志向と関連する価値を付け加える．

　アレア（運）については，

- 結果が予測できず，ハラハラする試合展開

- 少ない確率に賭ける，ギャンブルのような試合運び

の 2 つを測定項目とする．前者は結果として生じる不確実性を受け入れる態度，後者はリスクをとる（一か八かの）プレイや采配が生み出す価値である．プロ野球観戦で応援球団が負けることを好む客はまずいないが，運あるいは不確実性をどれほど好むかには個人差がありそうである．そこで，運に左右されないことの価値を測るため，

- 最後まで安心して見ていられる試合展開
- まるでドラマのような，筋書き通りの試合展開

という測定項目を加える．これらは反転項目と呼ばれ，アレアと負の関係になるべき項目である（そうならないとしたら，これらの項目は一つの尺度を構成しないことになる）．

3.2　模擬と眩暈の測定項目

　ミミクリ（模擬）についても測定項目を考えよう．すでに述べたように，プロ野球におけるミミクリ的な要素は，一つは統率のとれた見事な連係プレイを見たとき，もう一つは応援を通じて選手との一体感が生まれたときに現れると考えられる．そこで，

- 選手の役割分担が明確な，統率のとれたプレイ
- 選手とファンが一体となって戦っているような感覚

という 2 つの測定項目を用意した．イリンクス（眩暈）は，一体化した応援がさらにお互いに共鳴し合うことで生じると考えられる．そこで次のような測定項目を設定した。

- 球場のファンが一体となり，共鳴し合った応援

これらの項目のうち，選手とファンの一体感とファンどうしの一体感は，かなりの程度相関してもおかしくはない．したがって，ミミクリとイリンクスは，お互いに独立した尺度にはならない可能性もある．カイヨワ自身，両者は根源的な組み合わせになるとしている．

3.3 各項目の球団による差

以上見てきた10個の項目について，それぞれプロ野球観戦にどれだけ期待するかを5点尺度で質問した．表2-2には，応援球団別の各項目の平均値が記されている（第1章で述べたように，応援球団は巨人・阪神・広島のみに限定されている）．

表2-2に付記されたアルファベットは，応援球団による効果がどの程度統計的に有意かを示している[1]．そこからわかるのは，測定項目のうち，応援する球団の違いが有意な効果を持つのは，第1に，

表2-2 カイヨワの分類の測定項目：平均値

	最 応 援 球 団		
	巨 人 （356人）	阪 神 （362人）	広 島 （380人）
アゴン（競争）			
大差をつけて相手球団に勝つこと	3.62[-]	3.61	3.46
競り合った挙げ句，最後に勝つこと	4.16[-]	4.23	4.18
応援する球団より地力で勝る球団に勝つこと	3.66[-]	3.94[b]	4.11[aa]
アレア（運）			
結果が予測できず，ハラハラする試合展開	3.40[-]	3.44[b]	3.36
少ない確率に賭ける，ギャンブルのような試合運び	2.74[-]	2.91	2.81
最後まで安心して見ていられる試合展開★	3.84[-]	3.79	3.83
まるでドラマのような，筋書き通りの試合展開★	3.60[-]	3.50	3.47
ミミクリ（模擬）			
選手の役割分担が明確な，統率のとれたプレイ	3.93[-]	3.87	4.03
選手とファンが一体となって戦っているような感覚	4.00[-]	4.14[b]	4.34[aa]
イリンクス（眩暈）			
球場のファンが一体となり，共鳴し合った応援	3.91[-]	4.15[a]	4.30[aa]

注) ★は反転項目．応援球団を説明変数とした回帰分析の結果．
　　aa: $p<0.001$, a: $p<0.01$, b: $p<0.05$, －：当該変数のベースとなる水準（ただし巨人ファンであることの効果を0としている）．その他変数の主効果・交互作用の結果については省略．
出所) 1回目調査（2014年7月）．

- 応援する球団より地力で勝る球団に勝つこと（アゴン＝競争）
- 選手とファンが一体となって戦っているような感覚（ミミクリ＝模擬）
- 球場のファンが一体となり，共鳴し合った応援（イリンクス＝眩暈）

といった項目である．いずれも巨人ファン＜阪神ファン＜広島ファンの順に期待度が高くなる．第2に，

- 結果が予測できず，ハラハラする試合展開（アレア＝運）

という項目への期待が，阪神ファンほど有意に高い．

3.4　測定項目の相関関係

　これらの測定項目がカイヨワの「遊び」の分類に適切に対応しているかどうかは，項目間の相関を調べることで確認できる．すなわち，相関の強い項目を一まとめにしたとき，カイヨワの分類と整合的であれば，対応がうまくいっていることになる．

　そこで，これらの項目を主成分分析と呼ばれるデータ解析手法にかけてみた．主成分分析とは，多数の変数を少数の成分に集約する手法である[2]．お互いに相関の強い変数は共通の成分に集約される（ただし，成分間は無相関にされる）．10の測定項目のうち9つを用いて主成分分析した結果が表2-3に示されている[3]．負荷量とは成分と測定項目の相関なので，同じ成分に対して負荷量が大きい測定項目は，相互に強く相関し合っている（それらの項目と他の成分との相関が小さい場合）．

---

1) 回帰分析を用いることで，性別・前年球場観戦の有無といった変数やそれらの交互作用の効果を一定としたとき，応援球団の各測定項目への効果が統計的に有意かどうかを確認した．なお，巨人ファンである場合と比べた阪神あるいは広島ファンの相対的な効果が推定されている．

2) 主成分分析は，たとえば「景気」のような，直接観測できない現象を数値化するのによく用いられる．景気と関連していそうな多数の経済指標に主成分分析を行うと，それらの指標を総合した，一つあるいは複数の景気動向指数を計算できる．

3) 測定項目のうち，アレア（運）の反転項目「まるでドラマのような，筋書き通りの試合展開」はうまく特定の成分と関係づけられなかったので，分析の対象外とした．

表2-3　カイヨワ理論に基づく主成分分析

	成分1 ミミクリ&イリンクス（模擬）（眩暈）	成分2 （アレア）運	成分3 アゴン（競争・勝利）	成分4 アゴン（競争・異端）	成分5 アゴン（競争・浄化）
測定項目					
選手とファンが一体となって戦っているような感覚	0.785	0.032	− 0.365	− 0.302	− 0.145
球場のファンが一体となり，共鳴し合った応援	0.762	0.023	− 0.371	− 0.334	− 0.187
選手の役割分担が明確な，統率のとれたプレイ	0.658	− 0.177	− 0.029	0.289	0.000
結果が予測できず，ハラハラする試合展開	0.277	0.789	0.159	− 0.065	0.152
少ない確率に賭ける，ギャンブルのような試合運び	0.195	0.611	0.555	− 0.072	− 0.331
最後まで安心して見ていられる試合展開	0.499	− 0.562	0.373	− 0.031	0.103
大差をつけて相手球団に勝つこと	0.442	− 0.355	0.623	− 0.269	0.081
応援する球団より地力で勝る球団に勝つこと	0.605	0.008	0.025	0.609	− 0.329
競り合った挙げ句，最後に勝つこと	0.605	0.279	− 0.068	0.164	0.646
成分の特性					
分　散	2.923	1.548	1.136	0.767	0.731
寄与率 (%)	32.5	17.2	12.6	8.5	8.1
累積寄与率 (%)	32.5	49.7	62.3	70.8	79.0
α 係数	0.751	0.579	－	－	－

注)　測定項目のうち「まるでドラマのような，筋書き通りの試合展開」は除外．α 係数は，表中の網掛け部分の合成得点に対して計算されている．したがって，網掛けの部分に1つの変数しかない場合は，計算されない．

　成分1と強く相関しているのは，ミミクリ（模擬）の測定項目「選手の役割分担が明確な，統率のとれたプレイ」「選手とファンが一体となって戦っているような感覚」，そしてイリンクス（眩暈）の測定項目「球場のファンが一体となり，共鳴し合った応援」である．これらの項目と他の成分との相関は弱い．したがって，これらの3項目はお互いに強く相関しており，一つの尺度にまとめることができる．

　つまり，ミミクリとイリンクスは，カイヨワの理論上は異なる概念だが，
プロ野球ファンの意識のなかでは一体となっていると考えられる．カイヨワ
もミミクリとイリンクスの組み合わせは根源的だと述べており，両者が一体
となっていたとしても彼の理論と矛盾しない．これら3項目を合計して得ら
れる尺度の内的整合性（α 係数 0.751）は，そこそこの水準で許容範囲内に
ある[4]．

　成分2は，アレア（運）の測定項目「結果が予測できず，ハラハラする試
合展開」「少ない確率に賭ける，ギャンブルのような試合運び」と強く相関
している．アレアの反転項目「最後まで安心して見ていられる試合展開」と
は期待どおり負の相関を示したが，その程度はやや弱い（もう一つの反転項
目は分析から除外されている）．3項目を合計して尺度化した場合の内的整
合性は低く（α 係数 0.431），2項目で尺度化することで多少改善される（α
係数 0.579）．

　アゴン（競争）については，測定項目が一つの成分と強く相関することは
なく，それぞれ別の成分と強く相関している．つまり，3つの測定項目「大
差をつけて相手球団に勝つこと」「応援する球団より地力で勝る球団に勝つ
こと」「競り合った挙げ句，最後に勝つこと」は，それぞれ独立とみなした
ほうがよさそうである．これらの項目の意味が微妙に違うことは 3.1 節でも
述べたとおりで，それは予想以上に大きかったといえる．

　以上のように，カイヨワの「遊び」の4分類に対して，われわれが用意し
た測定項目は，ある程度一貫した尺度を構成することがわかった．予想と違
ったのは，ミミクリ（模倣）とイリンクス（眩暈）が一つの尺度になったこ
と，アレア（運）のいくつかの測定項目が使えなかったこと，アゴン（競
争）は一次元の尺度にならず，多次元的に扱う必要があることである．

---

4)　複数の項目を足し上げて新しい尺度項目を作る場合，その内的整合性を示すのが
　　（クロンバックの）α 係数である．この係数は 0 から 1 までの値を取り，通常，0.8
　　以上の値であれば望ましいとされ，0.7〜0.8 でも許容されることが多い．

4.　カイヨワ理論で球団選好を説明する

プロ野球ファンが期待する価値が，カイヨワの「遊び」の分類に基づく尺度で測定できそうなことがわかったので，今度はそれらを，応援する球団の選択と結びつけることにしよう．多項ロジスティック回帰といわれる手法を用い，他の要因も考慮しつつ，プロ野球ファンはどのような期待価値に基づいて特定球団のファンになるかを説明するモデルを構築する．

4.1　モデルの構築

多項ロジスティック回帰とは，「最も応援する球団」という離散的変数を予測する一種の回帰分析である（通常の回帰分析では連続量を予測する）．この手法を使えば，プロ野球ファンの特性が与えられたとき，その人がある球団を応援する確率がどれくらいかを推定できる．ここでは巨人，阪神，広島のファンが分析対象なので，それはこれら3球団のどれを応援しそうかの確率になる．

そのために用いられる説明変数は，第1に，前節で開発したプロ野球観戦に何を期待するかである．それは，①ミミクリ（模倣）＋イリンクス（眩暈），②アレア（運），③アゴン（競争：勝利），④アゴン（競争：異端），⑤アゴン（競争：浄化）という5次元の尺度で表される（これらを「カイヨワ尺度」と呼ぶ）．それに年齢と学歴，「これまで最も長く居住した地域」というデモグラフィクス（人口統計学的特性）を加える[5]．学歴は，4年制大学卒以上であるかどうかで表す．

4.2　全体的な分析結果

表2-4に回帰係数の推定値が掲げられている．ここで阪神ファンと書かれた列は，ファンの特性（カイヨワ尺度や年齢など）が阪神ファンになることに貢献する程度を表している（広島ファンと書かれた列も同様）．ここに巨

---

5)　性別は応援球団ごとにほぼ均等に割り付けられているので，ここではその効果を把握できない．したがって，説明変数には含まれていない．

表2-4　多項ロジスティック回帰の推定結果：全体

	阪神ファン	広島ファン
切　片	−2.383	−2.031
カイヨワ尺度		
ミミクリ（模擬）＆イリンクス（眩暈）	0.254	0.523[a]
アレア（運）	0.137	0.053
アゴン（競争：勝利）	−0.112	−0.403[aa]
アゴン（競争：異端）	0.396[a]	0.630[aa]
アゴン（競争：浄化）	−0.162	−0.354[b]
デモグラフィクス		
年　齢（実数）	−0.001	−0.023[a]
学　歴（大卒以上）	0.205	0.823[aa]
最長居住地域		
北海道	0.323	0.694
東　北	−1.642[b]	−0.098
関　東	−1.022[a]	−0.562
中　部	−0.474	0.121
近　畿	2.188[aa]	0.587
中　国	−0.224	3.241[aa]
四　国	1.229[b]	1.298[b]

McFadden $R^2 = 0.335$，正分類率 = 69.9%.

注）　阪神ファン・広島ファンに対する回帰係数は巨人ファンに対する係数を 0 として
推定されている．学歴の効果では「大卒・院卒」以外，地域の効果では九州・沖縄
を 0 としている．aa: $p < 0.001$, a: $p < 0.01$, b: $p < 0.05$.

人ファンという列がないのは，阪神ファンにも広島ファンにもならない場合，
巨人ファンになるからである（3球団のどれかを応援しているファンが分析
対象になっている）．

　したがって，阪神ファン（あるいは広島ファン）の列で係数がプラスの場
合，対応する特性の値が大きくなるほど巨人ファンではなく阪神ファン（あ
るい広島ファン）になる確率が高まる．両方の列で係数がマイナスの場合，
その特性の値が大きくなるほど，阪神ファンでも広島ファンでもなく巨人フ
ァンになる確率が高くなる（つまり，回帰係数は巨人ファンになることと比
べた効果を示すが，文中ではその旨を省略することもある）．

　カイヨワ尺度のうち，その効果が統計的に有意になったものを取りあげる
と，以下のようなことがいえる．

● プロ野球にミミクリ（模倣）＋イリンクス（眩暈）を期待する人ほど，

　巨人・阪神ファンよりは広島ファンになりやすい.
- アレア（運）に対する期待は，どの球団を応援するかには関係しない（プロ野球観戦においてアレアの価値が大きくないという意味ではない）.
- アゴン（競争）のうち「大差をつけて相手球団に勝つこと」「競り合った挙げ句，最後に勝つこと」を期待する人ほど，広島ファンではなく巨人・阪神のファンになりやすい.
- アゴン（競争）のうち「応援する球団より地力で勝る球団に勝つこと」へ期待する人ほど，阪神か広島のファンになりやすい.

　つまり，応援を通じた模擬・眩暈の感覚を期待するほど広島ファンになりがちで，勝ちにこだわるほど巨人・阪神ファンになりがちということである. 応援球団の選択には本人がこれまで最も長く住んだ地域が非常に大きな影響を与えるが，それを考慮してもなお，プロ野球観戦に期待する価値の違いは無視できない影響を与えている.
　なお，最長居住地域の効果は，以下のようになる（なお，これらの効果は，九州・沖縄に最も長く住んでいた場合と比べたものである）.

- 関東・東北地方に最も長く住んでいる人は，阪神ファンになりにくい.
- 関西地方に最も長く住んでいると阪神ファン，中国地方に最も長く住んでいると広島ファン，四国地方に住むと阪神・広島ファンになりやすい.

　本人特性の効果については，以下のような結果も得られている.

- 年齢が若い場合，あるいは学歴が大卒以上である場合，巨人・阪神ファンより広島ファンになりやすい.

　年齢が低いほど広島ファンが多く，年齢が高いほど巨人・阪神ファンが多い傾向は第1章でも確認した. 最近の広島ファンの増加は，若年層によって支えられている. 学歴が高くなると広島ファンが増える理由については，章末で考えてみたい. この分析では年齢の効果も同時に考慮されているので，

広島ファンは平均年齢が低いので大卒者が多い（昔より大学進学率が高い）という理由でないことは確かである．

　このモデルを用いることで，プロ野球が好きな人が巨人・阪神・広島3球団しかなかった場合，どの球団のファンになりそうかを予測できる．その的中率は70%ほどで，予測のために使われる変数がカイヨワ尺度，年齢，学歴，最長居住地域だけだということを考えると，この的中率はそう低いものではない．

4.3　オッズ比で見るインパクト

　ロジスティック回帰分析で推定される係数を見ただけでは，変数のインパクトが直感的にわかりにくい．そこでオッズ比を計算する．「オッズ」とは，たとえば巨人ファンになる確率に比べ阪神ファン（あるいは広島ファン）になる確率が何倍になるかを示す倍率のことである．「オッズ比」とは，他の条件を一定としてある変数の値だけが1ポイント増加したとき，オッズが何倍増えるかを示す倍率である（つまり，倍率の倍率ということだ）．

　ある変数の効果が全くないとき，回帰係数は0になるが，オッズ比は1になる．したがって，オッズ比が1を上回るとき，その変数は巨人ファンではなく阪神（あるいは広島）ファンになる確率を高めるように働く（逆に1を下回るとき，巨人ファンになる確率を高めるように働く）という意味になる．

　今回推定したモデルについて，各変数のオッズ比をグラフ化したのが図2-3〜2-5である．図2-3には，ミミクリ（模擬）＋イリンクス（眩暈）に対する広島ファンのオッズ比が1.7であることが示されている．これは，この尺度値が1ポイント上昇したとき，（巨人ファンではなく）広島ファンになるオッズが7割ほど増えることを意味する．阪神ファンになるオッズ比は1.3だが，もともとの回帰係数は統計的には有意ではない（表2-4）．つまり，この尺度は，阪神ファンになる確率に影響しないとみなせる．

　カイヨワ尺度のなかで最もインパクトが大きいのはアゴン（競争：異端），すなわち地力で勝る球団に勝つことへの期待である．この変数に対して阪神ファンになることのオッズ比は1.5，広島ファンになることのオッズ比は1.9で，いずれも有意な効果がある．逆にいうと，こういう反主流的な価値

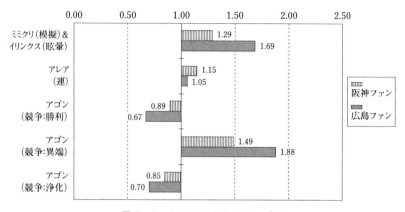

図2-3　カイヨワ尺度のオッズ比

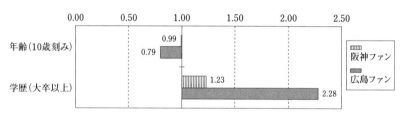

図2-4　デモグラフィック変数のオッズ比

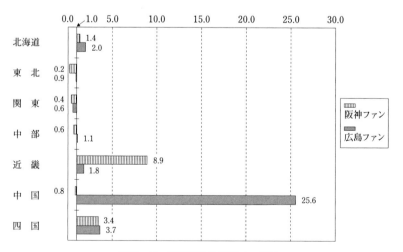

図2-5　最長居住地域のオッズ比

を期待しなければ, 巨人ファンになる確率が高いということだ.

図 2-4 から, 本人の年齢が 10 歳増加したとき, 広島ファンになるオッズは 2 割ほど低下することがわかる. 広島ファンになることへの年齢の効果は統計的に有意とはいえ, そのインパクトは他の変数ほど大きくはない. 広島ファンになることにもっとインパクトがあるのは学歴の違いである. 非大卒者に比べ大卒者は, 他の条件が変わらない限り, 巨人ファンではなく広島ファンになるオッズが 2 倍以上に増える.

最長居住地域が中国地方であった場合, それが九州・沖縄であった場合に比べ, 巨人ファンではなく広島ファンになるオッズは 25 倍も増える. 近畿地方に長く住むことが阪神ファンになることに与えるインパクトも他の変数に比べかなり大きく, 特定球団のファンになるうえで生まれ育った地域が重要であることを改めて確認できる.

4.4　男女別の分析

ここまで紹介してきたのは, 3 球団のファンを一緒にした分析である. しかし, これらのファンにおける期待価値と球団選択の関係は同じではないかもしれない. そこで, これまでの分析で変数として使っていない性別で回答者を分割して, 同じ分析を行ってみた (表 2-5). その結果, 男女によってモデルが大幅に変わるわけではないが, いくつか興味深い差も見いだせた. それらを列挙すると,

- 全体では効果がなかったアレア (運) だが, 男性だけ取り出すと, この価値を期待するほど阪神ファンになりやすい.
- アゴン (競争) の尺度のうち, 大差で勝つことや最後に勝つことを期待するほど巨人・阪神ファンになりやすい傾向は, 男女別に分けると, 男性だけに見られる.
- 年齢が若いほど広島ファンになる傾向は, 男女別に分けると, 男性についてのみ見られる.
- 東北・関東に長く住んだ人ほど巨人ファンになりやすい傾向は, 男女別に分けると, 男性についてのみ見られる.

表2-5　多項ロジスティック回帰の推定結果：性別

	男 性 (535 人)		女 性 (554 人)	
	阪神ファン	広島ファン	阪神ファン	広島ファン
切　片	− 0.258	− 0.429	− 4.263ᵃ	− 2.625
カイヨワ尺度				
ミミクリ（模擬）＆イリンクス（眩暈）	0.167	0.506ᵇ	0.316	0.498
アレア（運）	0.335ᵇ	0.322	− 0.077	− 0.206
アゴン（競争：勝利）	− 0.241	− 0.602ᵃᵃ	0.008	− 0.245
アゴン（競争：異端）	0.466ᵃ	0.815ᵃᵃ	0.395ᵇ	0.504ᵃ
アゴン（競争：浄化）	− 0.321	− 0.517ᵃ	0.025	− 0.214
デモグラフィクス				
年　齢（実数）	− 0.019	− 0.042ᵃ	0.017	− 0.010
学　歴（大卒以上）	0.275	0.978ᵃ	0.355	0.693ᵇ
最長居住地域				
北海道	− 0.362	0.073	0.805	1.080
東　北	− 2.141ᵇ	− 0.922	− 1.743	0.021
関　東	− 2.029ᵃ	− 1.563ᵇ	− 0.652	− 0.201
中　部	− 1.078	− 1.113	− 0.618	0.712
近　畿	1.323ᵇ	− 0.214	2.632ᵃᵃ	0.865
中　国	− 0.737	2.546ᵃᵃ	− 0.058	3.561ᵃᵃ
四　国	0.632	0.948	1.462ᵇ	1.207
	McFadden R²=0.336 正分類率＝69.2%		McFadden R²=0.331 正分類率＝72.2%	

注）　表中の回帰係数は巨人ファンの場合を0として推定されている．学歴の効果では「大卒・院卒」以外，
　　　地域の効果では九州・沖縄を0としている．aa: p＜0.001, a: p＜0.01, b: p＜0.05.

　つまり，4.2節で述べた分析結果のいくつかは，男性においてより顕著に表れているということである．同じことは年齢など他の特性で分析対象者を分けた場合にもいえるかもしれない．今後の研究課題の一つである．

5.　人はなぜその球団を応援するのか

　本章は，各プロ野球球団のファンが，なぜ他の球団でなく，その球団を応援しているのかの要因を解明することを試みた．そのために依拠したのが有名なカイヨワの「遊び」の分類であり，それに基づきプロ野球観戦へ期待する価値の尺度化を行った．巨人・阪神・広島のセ・リーグ3球団のファンを分析したが，どの球団を応援するかは，自分が長く住んだ地域にかなりの程度依存する．しかし，それだけでなく，何を期待して試合を観戦するかも一

定の役割を演じているようだ.

　カイヨワの原典に従えば,野球は何よりもアゴン(競争)ということになろう.確かに,どの球団のファンであろうとも,競争に勝つことを願わない者はほとんどいない.ただし,競争のどのような側面に期待するかに違いがある.大差で勝つという,最も確実に勝利することを期待する者は巨人を応援する.巨人はこれまで圧倒的な戦績を誇ってきた.巨人を応援することが,勝つことへの期待を満足させる最上の方法であることは間違いない.

　他方,強い相手に勝つことを期待する人々もいる.彼らは当然巨人でなく,阪神ないし広島を応援する(今回はこの3球団を分析対象にしたが,他の球団ももちろん選択肢になり得る).勝利の喜びを確実に享受するために,阪神や広島を応援するのは上策ではないが,本来なら勝つのが難しい相手に勝つ喜びを味わいたいのなら,それは上策になる.

　アゴンのもう一つの側面としてわれわれが考慮したのは,競り合ったのち最後に勝つという,一種のカタルシス(浄化)がもたらす価値である.それを期待する人々ほど巨人と阪神を応援し,広島を応援しない傾向にある.競り合いながら最後に勝つという喜びを得るには,応援するチームはそれなりに強くなくてはならない.現在の広島は,ファンにカタルシスを与えるほどは強くないので,それを期待する人は,広島ではなく巨人・阪神を応援しがちなのかもしれない.

　広島ファンを動機づけているのは,むしろ応援を通じたミミクリ(模擬)＋イリンクス(眩暈)である.熱狂的な応援はどの球団のファンにも共通するが,選手別の応援歌をトランペットで演奏したり,7回に風船を飛ばしたりする様式化された応援スタイルは,もともとは広島の応援団が始めたとされている[6].現在では,広島独自の応援スタイルとして,ファンが一体となったスクワット応援も有名である(もちろん他球団にも,それぞれ独自の応援スタイルがあることはいうまでもない).

　応援はファンが全面的に参加できる価値共創(Vargo and Lusch 2004)

---

6)　トランペットによる選手別応援歌の演奏については,以下のウェブサイトを参照(https://ja.wikipedia.org/wiki/応援歌).風船を飛ばす応援については,以下のウェブサイトに記述がある(https://ja.wikipedia.org/wiki/ジェット風船).

であり，試合展開がどうであれ，自分たちだけで満足のいく状態を作ること
ができる（もちろん，試合に勝っているほうが応援も盛り上がるが）．した
がって，ファンは熱狂的だが勝率が高くない球団においては，代償行為とし
ての自己完結的な応援のスタイルが進化した可能性もある．

　他の条件を一定としたとき，教育水準が高いほど広島を応援するという傾
向も興味深い．その理由は定かではないが，想像すると，一つは敗戦後の広
島で市民球団として育った歴史を知ったことが，広島を応援する理由になっ
たのかもしれない．高学歴者ほど，そうした知識に影響を受けやすいと考え
られる．もう一つは，高学歴者ほど反主流的・異端的な志向を持つ可能性も
ある．いずれも現状では仮説にすぎず，検証されたわけではない．

　以上の説明は，野球観戦への期待が応援球団を決めるというストーリーで
構成されているが，逆のストーリーも考えられる．つまり，本人が必ずしも
自覚していない何らかの理由である球団を応援することになり，それを正当
化するため，その球団を特徴づける価値を自分が選好するように「後づけ」
しているにすぎない，という可能性である（下條 2008）．たとえば，巨人を
応援している自分を正当化するため，勝利こそ全て，と思い込んでいる，と
いった具合に．

　仮にそうだとしても，そのような後づけが本人の今後の観戦行動を支配し
ていく可能性もあるだろう．したがって，因果関係はともかく，ファンがど
のような意識を持って球団を応援しているかを把握することは，球団を対象
としたマーケティングを考えるうえで役立つはずである．ここでは分析対象
とされていない他の球団についても（あるいは他のスポーツ観戦において
も），同じことがいえよう．

参考文献

カイヨワ，ロジェ［著］，多田道太郎・塚崎幹夫［訳］（1990），『遊びと人間』講談社.
下條信輔（2008），『サブリミナル・インパクト——情動と潜在認知の現代』ちくま新
　　書（筑摩書房）.
高橋豪仁（2011），『スポーツ応援文化の社会学』世界思想社.
Neale, Walter C. (1964), "The Peculiar Economics of Professional Sports: A Contri-
　　bution to the Theory of the Firm in Sporting Competition and in Market

Competition,"*Quarterly Journal of Economics*, Vol. 78(1), pp. 1-14.

Vargo, Stephen L. and Robert F. Lusch (2004), "Evolving to a New Dominant Logic for Marketing," *Journal of Marketing*, Vol. 68(1), pp. 1-17.

第3章

選手とチームへの共感と自己適合性
──ブランド・ロイヤルティ戦略

石 田 大 典

　応援するスポーツ選手が活躍する姿に自分の理想像を見出したり，つらい環境下で努力する姿に共感したことはないだろうか．現実の自己や理想の自己を対象に重ね合わせることを自己適合性といい，マーケティング研究ではブランド・ロイヤルティの重要な先行要因の一つとして考えられてきた．スポーツ・マーケティング研究においても，応援チームに対するロイヤルティとの関係が議論されている．

　本章では，自己適合性に着目し，応援チームや応援選手との自己適合性がファンのロイヤルティに及ぼす影響について議論していく．その際，ロイヤルティをとらえる概念として，ブランド・ラブ（Batra *et al.* 2012）を援用する．というのも，ブランド・ラブは対象への態度的なロイヤルティと行動的なロイヤルティの両方を含む包括的な概念だからだ．過去の研究における議論を基にいくつかの仮説を導出し，プロ野球ファンを対象とした調査から仮説を検証していく．

　まずは次節において，これまでに取り組まれた研究を振り返りながら，自己適合性やブランド・ラブの概念を整理し，その結びつきについて検討していこう．

1.　プロ野球ファンのロイヤルティ

　スポーツ・マーケティング研究では，ファンのロイヤルティは一般的に態度と行動の二面からとらえられている（Bauer *et al.* 2008; Mahony *et al.* 2000）．態度とは，応援チームや応援選手に対してファンが有する信念や感情である．たとえば，チームや選手に対して，「好きなチームだ」あるいは「いい選手だ」などといった好意的な評価や感情を有するほど，ファンの態度的ロイヤルティは強いと言える．また，どれほど長い期間，選好を維持しているかどうかというのも，ロイヤルティの重要なポイントである．幼少のころからずっと同じチームを応援し続けるファンと，最近応援するようになったファンを考えてほしい．ほとんどの人は前者の方がより強いロイヤルティを有していると考えるはずだ．一貫した態度を持つことも，ロイヤルティの一つの要素である．たとえば，勝率が悪いとかスター選手が移籍するといったファンにとってはつらい状況にあっても，チームへの態度を変化させないことである．

　行動的ロイヤルティには，(1) 観戦行動，(2) 商品の購買，(3) コミュニケーションがある．観戦行動とは，スタジアムやテレビなどで試合を観戦するといった直接的な応援行動である．テレビやインターネットのスポーツニュースを通じた情報収集も，これに含まれるだろう．商品の購買は，応援チームのロゴ入りの商品を購買し，それを飾ったり身に着けたりする行動を指している．熱狂的なファンになるほど，ユニフォームを着用するだけでなく，生活用品や文具など様々なロゴ入りのグッズを所有し，使用する傾向にある．コミュニケーションとは，応援チームや応援選手に関してファンが他者へポジティブな評価を伝えたり，ファン同士で情報を共有したりすることである．

　態度と行動の 2 つの側面に基づくと，ファンのロイヤルティは 4 つに分類することができる（図 3-1 参照）．第 1 象限（右上）は，行動的ロイヤルティは高いが態度的ロイヤルティは低いファンである．この象限に含まれるファンの多くは，当該スポーツは好きで観戦するが，特定のチームや選手を応援しているわけではないと言える．一方，第 3 象限（左下）は，態度的ロイ

行動的ロイヤルティ

		低	高
態度的ロイヤルティ	低	低いロイヤルティ	見せかけのロイヤルティ
	高	意識先行のロイヤルティ	真のロイヤルティ

図 3-1　ロイヤルティの 4 分類
出所）　恩藏（1995）.

ヤルティは高いが行動的ロイヤルティは低いファンである．この象限に含まれるファンは，チームや選手に対して好意的な態度を有しているが，必ずしも試合を観戦したりグッズを購買したりするわけではない．こうしたファンは，チームが本拠地を置く地域に多いかもしれない．地元のチームに対して好意を有しているが，必ずしもそのスポーツに対して関心を有しているわけではないだろう．第 4 象限（右下）は，態度的ロイヤルティも行動的ロイヤルティも高いファンである．応援しているチームや選手のグッズを身に着けて試合観戦を行うようなファンである．スポーツ・チームにおけるマーケティング上の課題は，いかにこの象限に含まれるファンを増やすかである．

2.　ブランド・ラブとは

　ブランド・ラブとは，消費者が抱くブランドとの心理的な結びつきを対人関係における愛情にたとえた概念である（Batra *et al.* 2012）．Batra *et al.* (2012) は，消費者へのインタビュー調査より，様々なブランド・ラブのプロトタイプを明らかにし，それらを説明する因子としてブランド・ラブ概念を位置づけた．ブランド・ラブのプロトタイプとは，(1) 情熱に基づいた行動，(2) 自己とブランドの統合，(3) ポジティブな感情的結びつき，(4) 長期的な関係性，(5) 失ってしまった時の苦痛，(6) 態度の強さ，である．

　情熱に基づいた行動とは，顧客がブランドに対して金銭的や時間的な資源を投入しようとしたり，ブランドを切望したりすることである．自分好みにカスタマイズして楽しむハーレー・ダビッドソンのオーナーや，新モデルが発売されるごとに行列をつくるアップル・ユーザーを思い浮かべてほしい．彼らの行為はまさにここでいう情熱に基づいた行動と言えるだろう．自己とブランドの統合とは，顧客がブランドに対して自己投影する程度である．つまり，自己表現のためにブランドを利用することである．少し前に，シャネラーという言葉が流行した．シャネラーとは，高級ブランドのシャネルを愛用する人たちを意味する．シャネラーたちは，シャネルを身に着けることで，自分たちがどのような存在なのかを示したのである．

　ポジティブな感情的結びつきとは，ブランドに対して安らぎや興奮といったポジティブな感情を抱いたり，強い結びつきを感じたりする程度である．自分にすごく合っているといった直観的な感情もこれに含まれる．特定のブランドを手にしただけで喜んだり，自分のためのブランドだと思ったりした経験はないだろうか．そうしたブランドに対して，我々はポジティブな感情的結びつきを強く感じているのである．長期的な関係性とは，末永くブランドを愛用したいという消費者の意図を表している．失ってしまった時の苦痛とは，ロイヤルティを有するブランドがなくなってしまうことを想像した時の不安や心配を指している．ペヤングが異物混入により製造を一時中止した際，買占めに走ったファンがいたことが話題になったが，そうしたファンの多くは失ってしまった時の感情によって動かされているものと思われる．態度の強さは，ブランドを想起する頻度や，ブランドに対して明確で確固とした態度を抱いている程度である．お気に入りのブランドについては，消費者は何が良いのかを詳細かつ流暢に語ることができるだろう．

　ブランド・ラブの概念はアップルやナイキなど，製品に付与されるブランドから生まれたものだが，ファンとスポーツ・チームや選手との関係にもあてはまるだろう．たとえば，ファンの情熱に基づいた行動は，応援するチームや選手のグッズを購入したり，試合観戦のために行列に並んだりすることと一致する．また，応援する選手のフリーエージェント権獲得が近づいたときや，引退の話題がメディアで取り上げられたときにファンが感じる感情は，

不安や心配だろう.

　本章では, 応援チームへのブランド・ラブと応援選手へのブランド・ラブ
は相互に影響しあうと想定している. その理由として, 自分が応援するチー
ムに在籍するからこそ特定の選手を好きになりファンになることがあるだろ
うし, 自分がファンである選手が在籍するチームを応援するようになるとい
うこともあると考えられるからだ.

3. 自己適合性とブランド・ロイヤルティ

　一般的に, 消費者は現実自己イメージに関連しているか, あるいは理想自
己へ近づくことができるような製品やブランドに選好を抱く一方で, ネガテ
ィブな自己イメージに結びつくおそれのある製品を避けようとする. たとえ
ば, ファッション製品などを購買する際, 自分に合うかどうかを考えたこと
があるだろう. 自分に合う製品は, 自己イメージとの関連性が高い製品であ
る. Sirgy (1982) によると, 我々は自分の行動と自己イメージとの一貫性
を保つために, 自己イメージにより近い製品を選好するという. また, 消費
者は理想自己と適合したブランドに対して選好を有する傾向にある. たとえ
ば, ビジネスで成功したいと強く望む人が, メルセデス・ベンツやロレック
スを好んだりすることがある. 我々は理想とする自己と関連性の高いブラン
ドを購買, 使用することによって, 自尊心を高め, 憧れへ近づくことができ
る. 結果として, 理想自己と適合したブランドへのロイヤルティは高まるの
である. Malär *et al.* (2011) は, 自己とブランドの適合性が高まるほど, 消
費者はブランドを自分の一部であると考えるようになると述べている. 自分
の一部であると考えるようになるほど, 結果としてブランドへのロイヤルテ
ィは深まるだろう. したがって, 現実や理想の自己とブランドが適合するほ
ど, 当該ブランドへのロイヤルティは向上するという.

　自己適合性と消費者の購買意図やブランド・ロイヤルティの関係について,
様々な研究者が実証研究に取り組んできた. 具体的には, プロスポーツ・チ
ーム (Kwak and Kang 2009), 非耐久消費財 (Barone *et al.* 1999;
Branaghan and Hildebrand 2011; Erdoğmuş and Büdeyri-Turan 2012;

Ericksen and Sirgy 1992; Govers and Schoormans 2005; Helgeson and Supphellen 2004; Kang *et al.* 2011; Liu *et al.* 2012; Parker 2009），耐久消費財（Branaghan and Hildebrand 2011; Cowart *et al.* 2008; Kressmann *et al.* 2006; Kuenzel and Halliday 2010; Parker 2009; Wang *et al.* 2009），サービス（Bosnjak *et al.* 2011; Das 2014; Grzenkowiak and Sirgy 2007; Harris and Fleming 2005; Sirgy and Su 2000）など，幅広い製品やサービスを対象とした研究が存在する．これらの研究では，自己と対象の適合性が製品の購買意図，知覚品質，ロイヤルティを高めることが明らかにされている．

　プロスポーツの文脈では，適合性の対象となるのは応援チームと応援選手である．プロ野球でたとえると，巨人の球界の盟主というイメージに理想の自分を重ねる人，阪神の熱狂的なファンに対して親近感をおぼえる人，広島カープのひたむきな姿に今の自分を投影する人ほど，チームに対するロイヤルティが高まるだろう．また，応援選手の努力する姿や活躍する姿に現実の自己や理想の自己を見出す人は，より熱狂的に当該選手を応援するようになるだろう．

　本章においてこれまで述べてきたことは，以下で示す仮説のように整理できる（図3-2も参照）．

　　仮説1：現実自己と応援チームの適合性が高いほど，応援チームへのブランド・ラブは高まる．
　　仮説2：理想自己と応援チームの適合性が高いほど，応援チームへのブランド・ラブは高まる．
　　仮説3：現実自己と応援選手の適合性が高いほど，応援選手へのブランド・ラブは高まる．
　　仮説4：理想自己と応援選手の適合性が高いほど，応援選手へのブランド・ラブは高まる．
　　仮説5：応援選手へのブランド・ラブは応援チームへのブランド・ラブへプラスの影響を及ぼす．
　　仮説6：応援チームへのブランド・ラブは応援選手へのブランド・ラブへプラスの影響を及ぼす．

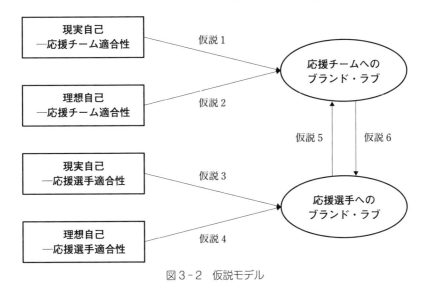

図3-2　仮説モデル

　次節以降において，日本のプロ野球ファンを対象とした調査の結果から，これらの仮説を検証していく．

4. ファン意識の実態

4.1 第1回調査の概要

　自己と応援チーム及び応援選手との適合性が，ブランド・ラブへ及ぼす影響を確認するため，2014年7月にインターネット調査を実施した．調査の対象者を選定するうえで，2つの条件を設けた．具体的には，観戦するのが好きなスポーツとしてプロ野球をあげていることと，2013年の球場観戦回数が1回以上であることとした．また，分析において十分なデータ数を確保するため，便宜的ではあるが巨人，阪神，広島の3チームのファンを調査対象とした．3チームのファンそれぞれ412人に対して調査を実施し，得られた回答のうち，応援開始時期と応援期間について矛盾した回答となっていた33名を除外し，さらに応援選手がいないと回答した78名を除外した．その結果，最終的なサンプル・サイズは，巨人ファン381名，阪神ファン367名，

表 3-1　回答者の構成

年　齢	巨人ファン	阪神ファン	広島ファン
20 代	47	41	57
30 代	87	82	108
40 代	100	113	112
50 代	96	86	58
60 代以上	51	45	42
合　計	381	367	377

出所）1 回目調査（2014 年 7 月）.

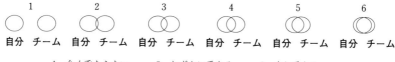

1.　全く重ならない　　2.　わずかに重なる　　3.　少し重なる
4.　適度に重なる　　　5.　かなり重なる　　　6.　ほぼ完全に重なる

図 3-3　IOS 尺度の表示

広島ファン 377 名となった（表 3-1 参照）.

　調査における測定項目については，次のとおりである．自己と応援チームまたは応援選手との適合性の測定には，Aron *et al.*（1992）によって開発された IOS 尺度を用いた．今回の調査で用いた測定尺度は，図 3-3 に示してある．円は自分と応援チーム（もしくは応援選手）を表しており，重なり合うほど適合し，離れるほど適合していないことを意味している．具体的な質問項目は，「［現実／理想］のあなたと［応援チーム／応援選手］のイメージ（あるいは性格，境遇，価値観など）は，どの程度重なると思いますか」である．

　応援チームへのブランド・ラブと応援選手へのブランド・ラブの測定には Bagozzi *et al.*（2013）の 6 項目からなる尺度を用いた．ブランド・ラブ尺度の各質問項目は，それぞれブランド・ラブの 6 つの重要なプロトタイプ（自己とブランドの統合，情熱に基づいた行動，ポジティブな感情的結びつき，長期的な関係性，失ってしまった時の苦痛，態度の強さ）を代表したものとなっている．それぞれの項目に対して，1～5 点で評価してもらった．表 3-2 には，各質問項目の平均値が示されている．6 つの質問項目が，ブランド・ラブという一つの概念を測定するうえで適切かどうかを判断するため，α 係

表3-2　ブランド・ラブ項目の平均値

	応 援 チ ー ム			応 援 選 手		
	巨人	阪神	広島	巨人	阪神	広島
○○を応援することは，自分の内面や本当の姿を表現していると感じる（自己とブランドの統合）	3.21	3.29	3.47	3.19	3.20	3.29
○○をずっと応援していきたい（情熱に基づいた行動）	4.22	4.32	4.45	4.18	4.14	4.27
○○に情緒的な結びつきを感じている（ポジティブな感情的結びつき）	3.16	3.39	3.62	3.04	3.09	3.20
○○は私にとって，ずっと人生の一部であり続けるだろう（長期的な関係性）	3.40	3.54	3.73	2.99	3.01	3.10
○○がなくなるとしたら，不安を感じる（失ってしまった時の苦痛）	3.71	3.79	4.06	3.55	3.59	3.86
○○に対する感情や評価は，全体的にポジティブである（態度の強さ）	3.82	3.72	3.95	3.90	3.88	3.99

出所）　1回目調査（2014年7月）.

数という指標を用いて質問項目の一貫性を検討した．その結果，応援チームのブランド・ラブ（巨人：0.83，阪神：0.81，広島：0.84）と応援選手のブランド・ラブ（巨人：0.85，阪神：0.84，広島：0.86）の α 係数は，内的一貫性の基準である0.7以上を満たしていた（Nunnally 1978）．年齢や性別が分析に及ぼす影響を統制するため，これらの変数をコントロール変数としてモデルに加えた．

　構造方程式モデリングによる分析の結果，適合度指標は一般的な許容水準を満たしており（$\chi^2 = 1028.51[330]$, $p < 0.05$, GFI $= 0.90$, CFI $= 0.94$, RMSEA $= 0.04$），モデルの説明力は十分であった（図3-4参照）．3チームのファンの間で共通した結果として，理想自己と応援チームの適合性は，応援チームへのブランド・ラブへプラスの影響を及ぼしており，理想自己と応援選手の適合性は，応援選手へのブランド・ラブへプラスの影響を及ぼしていた．一方，現実自己との適合性に関しては，チーム間において分析結果が異なっ

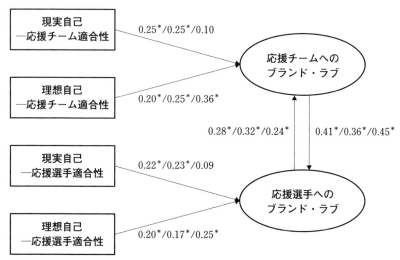

$\chi^2 = 1028.51[330]$, $p < 0.05$, GFI $= 0.90$, CFI $= 0.94$, RMSEA $= 0.04$
*$p < 0.05$

注)　係数は左から巨人ファン，阪神ファン，広島ファンのサンプルでの値を示している．年齢と性別からの
　　　パスは省略している．

図3-4　第1回調査の分析結果

　ていた．巨人ファンと阪神ファンのサンプルでは，現実自己と応援チームの
適合性は，応援チームへのブランド・ラブを向上させており，現実自己と応
援選手の適合性は，応援選手へのブランド・ラブを向上させていた．ところ
が，広島ファンのサンプルでは，現実自己との適合性は，ブランド・ラブへ
は結び付かないことが明らかとなった．広島ファンに対してチームのイメー
ジを自由回答で尋ねた結果，資金力の乏しさ，若手選手が多い，市民チーム，
練習や選手育成などに関するコメントが多かった．他チームと比較して，厳
しい状況におかれているイメージが強い広島カープと現実自己が適合したと
してもチームへのブランド・ラブには結び付かないのかもしれない．一方，
そうした環境下で努力するチームに対して，自分もこうありたいと思うファ
ンほど，強いブランド・ラブを抱くのだろう．
　3チームのファンのサンプルにおいて，応援チームへのブランド・ラブは，
選手へのブランド・ラブを向上させており，また応援選手へのブランド・ラ

ブは，応援チームへのブランド・ラブを向上させていた．つまり，応援チームへの愛着が強まるほど，そのチームに所属する応援選手をより強く応援するようになり，そして選手への愛情が，結果としてチームへの愛着をさらに強めるという正のスパイラルが働くと言えるだろう．

4.2　第2回調査

第1回調査の分析モデルにおいて，チームへのブランド・ラブと選手へのブランド・ラブが相互に影響を及ぼすことを明らかにしたが，因果関係をより明確にするため，2時点でブランド・ラブを測定し，両者の関係を検討した．2014年12月に第1回の調査の回答者を対象として，インターネットによるアンケート調査を行った．分析では，964名のサンプルのうち，第1回目の調査で回答した応援チームを間違って記憶していた7名を除外し，次に第1回の調査で応援開始時期と応援期間について矛盾した回答となっていた22名を除外し，第1回の調査と第2回の調査において応援開始時期に対する回答が矛盾していた16名も除外した．また，応援選手がいないと回答した139名を除外し，第1回の調査と第2回の調査で応援選手が変わったとい

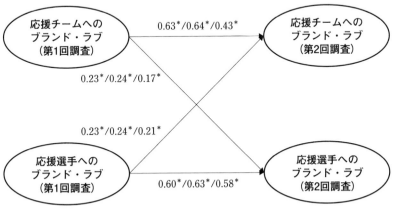

$\chi^2 = 1552.58[677]$, $p < 0.05$, GFI $= 0.77$, CFI $= 0.87$, RMSEA $= 0.05$
*$p < 0.05$

注）　係数は左から巨人ファン，阪神ファン，広島ファンのサンプルでの値を示している．年齢と性別からの
　　パスは省略している．

図3-5　第1回調査と第2回調査の混合データの分析

う320名も除外した．その結果，最終的なサンプル・サイズは460（巨人ファン151名，阪神ファン147名，広島ファン162名）となった．

　構造方程式モデリングによる分析の結果，適合度指標はやや低い水準となったが（$\chi^2 = 1552.58[677]$, $p < 0.05$, GFI $= 0.77$, CFI $= 0.87$, RMSEA $= 0.05$），モデルの説明力は許容できるものと判断した（図3-5参照）．3チームファンのサンプルにおいて，応援チームへのブランド・ラブは，後の選手へのブランド・ラブを向上させており，また応援選手へのブランド・ラブは後の応援チームへのブランド・ラブを向上させていた．したがって，応援チームへの愛着が強まるほど，そのチームに所属する応援選手をより強く応援するようになり，そして選手への愛情が，結果としてチームへの愛着をさらに強めるという正のスパイラルが裏付けられたといえるだろう．

4.3　9チーム調査

　本章の分析モデルが，巨人，阪神，広島以外のチームのファンにおいてもあてはまるのかどうかを確認するため，3チームを除く9チームのファンを対象とした調査を実施した．具体的には，2015年1月下旬から2月上旬にかけて，インターネットによるアンケート調査を行った．618名から回答を得ることができたが，応援開始時期と応援期間について矛盾した回答を行った37名を分析対象から除外し，応援選手がいないと回答した275名も除外した．その結果，最終的なサンプル・サイズは306名となった．

　9チーム調査については，各チームのファンごとに分析を行おうとするとサンプル・サイズが極端に小さくなってしまうため，サンプルの分割は行っていない．そのため，応援チームの違いが分析に及ぼす影響を統制するため，応援チームをダミー変数として扱い，モデルへ導入した．9チーム調査においても，応援チームへのブランド・ラブと応援選手へのブランド・ラブの測定尺度の α 係数は0.7以上となり（応援選手へのブランド・ラブ：$\alpha = 0.82$，応援選手へのブランド・ラブ：$\alpha = 0.82$），どちらも十分な内的一貫性を備えていることが明らかとなった（Nunnally 1978）．

　構造方程式モデリングによる分析の結果，適合度指標は十分な値を満たし（$\chi^2 = 371.05[190]$, $p < 0.01$, GFI $= 0.91$, CFI $= 0.94$, RMSEA $= 0.06$），モデル

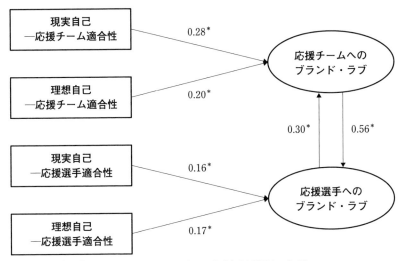

$\chi^2=371.05[190]$, $p<0.05$, GFI$=0.91$, CFI$=0.94$, RMSEA$=0.06$
$^*p<0.05$

注）　年齢と性別からのパスは省略している.

図3-6　9球団調査の分析結果

がデータをうまく説明できていることが明らかとなった. 分析結果について
は, 図3-6に示してある. 現実自己と応援チームの適合性と, 理想自己と応
援チームの適合性はどちらも, 応援チームへのブランド・ラブへプラスの影
響を及ぼしていた. 同様に, 現実自己と応援選手の適合性と, 理想自己と応
援選手の適合性はどちらも, 応援選手へのブランド・ラブへプラスの影響を
及ぼしていた. 応援チームへのブランド・ラブと応援選手へのブランド・ラ
ブの間に設定された双方向のパスは, どちらも有意水準を満たしていた. 3
チームでの分析結果は概ね再現されており, 本章で議論したモデルは12チ
ームすべてにおいてもあてはまるといえるだろう.

5.　何がファン・ロイヤルティを高めるのか

　本章では, プロスポーツ・チームや選手に対するファン意識を高める要因
として, 自己との適合性という心理要因に着目し, 現実自己と理想自己と一

致するほどファンのブランド・ラブは高まると議論した．また，応援チーム
へのブランド・ラブと応援選手へのブランド・ラブは，相互に影響しあうと
いう仮説を導出した．日本のプロ野球ファンを対象とした3回の調査を通じ
て，これらの仮説を検証した．

　プロ野球のブランド・マネジメントという視点に立つと，本章の分析結果
はいくつかのインプリケーションを有している．第1に，明確なブランド・
イメージを確立しなければならないということである．分析の結果，適合性
の高いチームほど，ファンはブランド・ラブを抱いていた．自分と重ね合わ
せられるということは，対象について明確なイメージを抱いているといえる
だろう．ファンがチームに対してどのようなイメージを有しているのかを十
分に理解し，それらを強化するコミュニケーション戦略が重要である．特に
新規のファンを獲得しようとするチームにおいては，明確なイメージをわか
りやすく伝える必要があるだろう．第2に，ブランド・イメージの一貫性を
保たなければならないということである．チームのイメージが変わるほど，
ファンはチームに対して距離感を有するようになるかもしれない．それは結
果としてファンのブランド・ラブを低下させる原因となる．したがって，ユ
ニフォームやロゴなどを変更する際は，細心の注意が必要だろう．第3に，
選手が移籍した場合に，ファンのスイッチを食い止めることが重要である．
応援選手へのブランド・ラブは，応援チームのブランド・ラブの重要な先行
要因だった．つまり，応援選手の存在がチームを応援するうえで大きな要素
となっているのだ．したがってトレードやフリーエージェントなど，選手が
移籍してしまうケースにおいては，ファンの流出を防ぐ施策も検討するべき
だろう．

参考文献

恩藏直人（1995），『競争優位のブランド戦略——多次元化する生長力の源泉』日本経
　　済新聞社．

Aron, Arthur, Elaine N. Aron, and Danny Smollan (1992), "Inclusion of Other in the
　　Self Scale and the Structure of Interpersonal Closeness," *Journal of Personality
　　and Social Psychology*, Vol. 63(4), pp. 596-612.

Bagozzi, Rick, Rajeev Batra, and Aaron Ahuvia (2013), "Brand Love Scales," Working Paper, University of Michigan, September 29, 2013.

Barone, Michael J., Terence A. Shimp, and David E. Sprott (1999), "Product Owner-ship as a Moderator of Self-Congruity Effects," *Marketing Letters*, Vol. 10(1), pp. 75-85.

Batra, Rajeev, Aaron Ahuvia, and Richard P. Bagozzi (2012), "Brand Love," *Journal of Marketing*, Vol. 76(2), pp. 1-16.

Bauer, Hans H., Nicola E. Stokburger-Sauer, and Stefanie Exler (2008), "Brand Im-age and Brand Loyalty in Professional Team Sport: A Refined Model and Em-pirical Assessment," *Journal of Sport Management*, Vol. 22(2), pp. 205-226.

Bosnjak, Michael, M. Joseph Sirgy, Sarah Hellriegel, and Oswin Maurer (2011), "Postvisit Destination Loyalty Judgments: Developing and Testing a Compre-hensive Congruity Model," *Journal of Travel Research*, Vol. 50(5), pp. 496-508.

Branaghan, Russell J. and Emily A. Hildebrand (2011), "Brand Personality, Self-Con-gruity, and Preference: A Knowledge Structures Approach," *Journal of Con-sumer Behaviour*, Vol. 10(5), pp. 304-312.

Cowart, Kelly O., Gavin L. Fox, and Andrew E. Wilson (2008), "A Structural Look at Consumer Innovativeness and Self-Congruence in New Product Purchases," *Psychology and Marketing*, Vol. 25(12), pp. 1111-1130.

Das, Gopal (2014), "Impacts of Retail Brand Personality and Self-Congruity on Store Loyalty: The Moderating Role of Gender," *Journal of Retailing and Consumer Services*, Vol. 21(2), pp. 130-138.

Erdoğmuş, İrem and Işıl Büdeyri-Turan (2012), "The Role of Personality Congru-ence, Perceived Quality and Prestige on Ready-to-Wear Brand Loyalty," *Journal of Fashion Marketing and Management: An International Journal*, Vol. 16(4), pp. 399-417.

Ericksen, Mary K. and M. Joseph Sirgy (1992), "Employed Females' Clothing Pref-erence, Self-Image Congruence, and Career Anchorage," *Journal of Applied So-cial Psychology*, Vol. 22(5), pp. 408-422.

Govers, P. C. M., J. P. L. Schoormans (2005), "Product Personality and its Influence on Consumer Preference," *Journal of Consumer Marketing*, Vol. 22(4), pp. 189-197.

Grzeskowiak, Stephan and M. Joseph Sirgy (2007), "Consumer Well-Being (CWB): The Effects of Self-Image Congruence, Brand-Community Belongingness, Brand Loyalty, and Consumption Recency," *Applied Research in Quality of Life*, Vol. 2 (4), pp. 289-304.

Harris, Eric G., and David E. Fleming (2005), "Assessing the Human Element in

Service Personality Formation: Personality Congruency and the Five Factor Model," *Journal of Services Marketing*, Vol. 19(4), pp. 187-198.

Helgeson, James G. and Magne Supphellen (2004), "A Conceptual and Measurement Comparison of Self-Congruity and Brand Personality," *International Journal of Market Research*, Vol. 46(29), pp. 205-233.

Kang, Joon-Ho, Richard P. Bagozzi, and Jawang Oh (2011), "Emotions as Antecedents of Participant Sport Consumption Decisions: A Model Integrating Emotive, Self-Based, and Utilitarian Evaluations," *Journal of Sport Management*, Vol. 25 (4), pp. 314-325.

Kressmann, Frank, M. Joseph Sirgy, Andreas Herrmann, Frank Huber, Stephanie Huber, and Dong-Jin Lee (2006), "Direct and Indirect Effects of Self-Image Congruence on Brand Loyalty," *Journal of Business Research*, Vol. 59(9), pp. 955-964.

Kuenzel, Sven and Sue V. Halliday (2010), "The Chain of Effects From Reputation and Brand Personality Congruence to Brand Loyalty: The Role of Brand Identification," *Journal of Targeting, Measurement and Analysis for Marketing*, Vol. 18 (3-4), pp. 167-176.

Kwak, D. Hee and Joon-Ho Kang (2009), "Symbolic Purchase in Sport: The Roles of Self-Image Congruence and Perceived Quality," *Management Decision*, Vol. 47 (1), pp. 85-99.

Liu, Fang, Jianyao Li, Dick Mizerski, and Huangting Soh (2012), "Self-Congruity, Brand Attitude, and Brand Loyalty: A Study on Luxury Brands," *European Journal of Marketing*, Vol. 46(7/8), pp. 922-937.

Mahony, Daniel F., Robert Madrigal, and Dermis Howard (2000), "Using the Psychological Commitment to Team (PCT) Scale to Segment Sport Consumers Based on Loyalty," *Sport Marketing Quarterly*, Vol. 9(1), pp. 15-25.

Malär, Lucia, Harley Krohmer, Wayne D. Hoyer, and Bettina Nyffenegger (2011), "Emotional Brand Attachment and Brand Personality: The Relative Importance of the Actual and the Ideal Self," *Journal of Marketing*, Vol. 75(4), pp. 35-52.

Nunnally, Jum C. (1978), *Psychometric Theory*, 2nd ed., New York, NY: McGraw-Hill.

Parker, Brian T. (2009), "A Comparison of Brand Personality and Brand User-Imagery Congruence," *Journal of Consumer Marketing*, Vol. 26(3), pp. 175-184.

Sirgy, M. Joseph (1982), "Self-Concept in Consumer Behavior: A Critical Review," *Journal of Consumer Research*, Vol. 9(3), pp. 287-300.

Sirgy, M. Joseph and Chenting Su (2000), "Destination Image, Self-Congruity, and

Travel Behavior: Toward an Integrative Model," *Journal of Travel Research*, Vol. 38(4), pp. 340-352.

Wang, Xuehua, Zhilin Yang, and Ning R. Liu (2009), "The Impacts of Brand Personality and Congruity on Purchase Intention: Evidence From the Chinese Mainland's Automobile Market," *Journal of Global Marketing*, Vol. 22(3), pp. 199-215.

第 II 部

ファンを獲得する

——心理学の視点——

第 章

阪神ファンと広島ファン
——熱狂するファンの社会心理学

三 浦 麻 子
稲 増 一 憲
草 川 舞 子

1. どんな人が, どのようにプロ野球を愛するのか

　本章では「プロ野球ファン」の心理について考察する. その手がかりとして, 「なぜ」ではなく, 「どんな人が」「どのように」プロ野球チームを愛するのかという視点から行われた2つの心理学研究を紹介する. 対象は阪神ファン (第3節) と広島ファン (第4節) である. その2球団を選んだ理由は簡単で, 研究した人間 (三浦・草川) が阪神タイガース (三浦) や広島カープ (草川) のファンだから. ただそれだけである (稲増は草川の指導教員であり, 特定の球団への愛着を持っていない).

　特定球団の一ファンによる「仲間たち」に関する研究であるから, 科学としての客観性や不偏性が厳密に保たれているかといえば怪しいものだろう. しかし, 研究という営みが対象へのある種の愛情表現であるとすれば, 阪神あるいは広島ファンという内集団 (個人が自らをそれと同一視し, 所属感を抱いている集団) メンバーであるからこそ気づく視点もあるはずだ. ここで「なぜ」ではなく, 「どんな人が」「どのように」に注目するのはそれゆえである. 誰かや何かを愛している人に「なぜあなたはそれを愛するのか」と聞いても無駄だろう. おそらくそこに理屈などない (少なくとも, その人にはわからない) からだ. しかし, 「どんな人が」「どのように」は, 自分自身や普段のふるまいを振り返ればある程度あたりをつけることができるし, 仲間

たちから広くデータを収集することも可能である.

　心理学の面白みは, 人間の心の理(ことわり)を実証的なデータに基づいて考察するところにある. 中でも特に社会心理学は, 「社会」の中での人間行動について研究することにより, 社会と人間との関係を解明することを主眼とする領域である. 本章で紹介する2つの研究は, プロ野球ファンに対するアンケート調査データにもとづいて, 阪神あるいは広島ファンの生態, 特にその心理を明らかにすることを試みたものである.

2. プロ野球ファンに関する社会心理学研究

　さて, 研究者があるテーマに着手するときに欠かせないのが, 先行研究の渉猟である. しかし, どうやら日本では, ファン心理に関する心理学研究は「ポップカルチャー」的な色合いが濃すぎるとみなされがちなせいか, ファンがある特定の対象に熱狂する集合的な現象に関する社会学的な考察はあっても, ファン個人の心理過程にスポットを当てた心理学研究はあまり見当たらない. 数少ない例外として『ファンとブームの社会心理』(松井 1994)があり, このジャンルの(当時としての)成書であるが, 残念ながらプロスポーツとして採り上げられているのは大相撲のみで, プロ野球ファンに関する言及はない. プロ野球ファンについては広沢らが阪神ファンについて一連の研究をなしているが(例えば広沢・小城(2005)など), これも査読論文(その学問分野の専門家による評価を受け, 一定の質の高さが保証された研究成果)としては出版されていない. しかし, 例えば2014年に「カープ女子」の出現が社会現象として注目されたが, この現象を構成するのは広島カープファンの女性一人一人の行動であり, それを支えるのは彼女らの心理過程であるというのに, そこに注目しないというのではいかにも面白くない.

　翻って, プロ野球の本家本元であるメジャーリーグベースボール(MLB)を擁するアメリカや, プロサッカーリーグが盛り上がるヨーロッパを見ると, こちらにはファン心理に関する多くの研究がなされ, 査読論文が出版されている. 特に社会的アイデンティティ(ある集団に自分が属しているという感覚)に関する研究では格好の素材となっており, 例えばひいきチームが勝つ

と「ファンである」という社会的アイデンティティをことさらに誇り（BIRGing），負けると一転してまったくそんなものと縁のないような顔をする（CORFing）という心理過程があることが指摘されている．広島カープファンを対象とした社会的アイデンティティに関する社会心理学研究は，第5章で詳しく紹介されている．

　個人の社会的アイデンティティを構成する有力な要素として「どのチームのファンか」が採り上げられることからもわかるように，アメリカのMLBは，日本のプロ野球よりも遥かに強力な「文化」としての意味を持っているようである．MLBを対象とした研究のうちユニークなのはOishi *et al.*(2007)で，阪神や広島といった「大して強くもないのに熱狂的な固定ファンがいる」チームに注目することの面白さを教えてくれる．彼らが検討したのは，MLB各チームの本拠地での試合（ホームゲーム）の勝率と観客数，そして本拠地のある都市の居住流動性（居住者の入れ替わりの激しさ）の関連である．居住者の収入レベルや都市の規模と関係なく，流動性の高い都市のチームでは勝率と観客数は正の相関を示し，つまり「強ければ多くのファンが見に来るが弱いとそっぽを向かれる」傾向にあるが，流動性が低い都市のチームでは両者の関係は弱く，観客数は勝ち負けに左右されなかった．つまり「勝っても負けても応援する」ファンは，都会よりも地方のチームにより多く存在するというわけだ．これはまさしくNPB（日本野球機構）における阪神ファンや広島ファンのいじらしい姿と重なる．ではいったいなぜ彼らはそんなチームを愛するのだろうか？

　というわけで，「どのように」阪神を，「どんな人が」広島を愛しているのかをデータを用いて検証することを通じて，プロ野球ファンの心理を読み解いていくことにしよう．

3.　どのようにチームを愛するのか──阪神ファンの場合

3.1　研究に着手した経緯

　「試合を見ているときは，心から応援しているんです．勝ってほしいし，勝って喜ぶ選手の顔を見たいから．でも，セ・リーグで2位だったのに，

このまま日本シリーズに行って，もしかして日本一になったりしたら
……それでいいのかなって思うんですよね」（ベースボールチャンネル
「2014 年の阪神を振り返る〜補強の成功，9 月の踏ん張り，そしてソフ
トバンクとの差」http://www.baseballchannel.jp/npb/1552/ より引用）.

　プロ野球 2014 年シーズンにおいて，阪神タイガースはレギュラーシーズ
ンを 2 位で終えてクライマックスシリーズ（CS）に進出した．2 位とはいえ，
それは最終試合で広島カープが敗戦したことから「棚ぼた」的に転がり込ん
できたものであり，優勝した読売ジャイアンツ（巨人）とは 7 ゲームもの大
差があった．しかし CS においては，ファーストステージでは緊張感溢れる
投手戦によって広島を完封した 2 連勝によって，そしてセカンドステージは
敵地東京ドームに乗り込んでの巨人 4 連戦を 4 連勝という快進撃で，一躍日
本シリーズ進出を果たした．
　物心ついてみたら阪神ファンだった（よって「愛する理由」など問われて
も答えに窮する），という筆者（三浦）にとってのまず正直な感想は「何な
んだこれは」であった．ごく常識的に考えれば，ひいきチームが日本シリー
ズで年間王者を争う権利を獲得するというのは，ファンにとっては慶事であ
ろう．実際，1985 年や 2003 年，2005 年の優勝時は「今騒がなければいつ騒
ぐ」とばかりに盛り上がったものだったが，まったくそれとは感覚が異なっ
たのである．別に阪神ファンでなくなったわけでもないのだが，素直に喜べ
ない自分は何なのか．タイガースの辿ったこの「意外な展開」を阪神ファン
はどのように捉えているのか，そこにこそ阪神ファンの「どのようにチーム
を愛するのか」が表象されているのではないかと考えて，それを検証するた
めに調査を実施することにした．

3.2　協力者と質問項目

　日本シリーズ開幕直前（2014 年 10 月 22 日）に，全国の阪神ファン 440
名にオンライン調査会社を通じてウェブ調査への協力を依頼した．彼らは
2014 年 6 月に筆者が実施した「プロ野球ファンに関する調査」に協力し，
一番好きな球団を「阪神タイガース」と回答した人々である．翌日までに回

表4-1　調査1の質問項目

1. 阪神タイガースがCSセカンドステージで勝利したときの気持ち
   （1：まったく感じなかった〜5：とても感じた）
   喜び・楽しみ・幸せ・驚き・とまどい・不安・悲しみ・怒り

2. 阪神タイガースに関するふだんの考えや応援スタイル
   （1：当てはまらない〜5：当てはまる）7項目
   • 阪神タイガースの好不調の波は，自分の生活にも影響している
   • 阪神タイガースなしの生活など考えられない
   • 阪神タイガースの試合が始まったら，他のことが手に付かなくなる
   （→下線を引いた3項目を「阪神依存度」をあらわすものとして，合計得点を算出）
   • 阪神タイガースの選手やスタッフたちを尊敬している
   • 阪神タイガースは世間一般に人気があるから好きだ
   • 阪神タイガースを客観的に分析している
   • 阪神タイガースが弱くても好きだ

3. 阪神タイガースに対する感情「温度」
   （完全な反感＝0，どちらでもない＝50，完全な好意＝100）
   （6月に実施した調査でも同一質問を尋ねているので，そのデータも分析に利用した）

4. 阪神タイガースがCSファーストステージ・セカンドステージそれぞれで勝利する確率はどの程度あると思っていたか（0〜100%）

5. 阪神タイガースが日本シリーズで勝利する確率はどの程度あると思っているか（0〜100%）

6. 性別・年齢

答した287名（全員が成人，平均年齢38.0歳，男性183名・女性104名）のデータを分析対象とした．

　質問項目は表4-1にまとめたとおりである．

3.3　調査1・分析と考察

　まず回答者のうち「何なんだこれは」という気持ちを抱いていた人がどの程度いたかを知るために，「阪神タイガースがCSセカンドステージで勝利したときの気持ち」について，各感情を「とても」「やや」感じたとする回答比率を算出した．比率が高い順に「喜び」89.9%，「楽しみ」87.8%，「驚き」78.8%，「幸せ」72.8%，「とまどい」28.6%，「不安」14.6%，「怒り」4.2%，「悲しみ」3.1%という結果で，さすがにポジティブな気持ちを抱かなかった人はほとんどいないが，驚きを感じた人は非常に多く，とまどいを感じた人も少なからず存在することがわかった．

　こうした気持ちは阪神ファンとしてのどのような特徴によるものなのだろうか．そこで，こうした気持ちを抱かせた原因を探るための分析（表4-1のそれぞれの気持ち（項目1）を感じた程度を従属変数とし，2〜6を独立変数とする多変量重回帰分析）を行った（表4-2）．

　表の網掛けしてある数値（標準偏回帰係数 β）は，当該独立変数（原因）が「阪神にそれぞれの気持ちを抱く程度」に統計的に意味のある影響力をもつことを示している．例えば調査時点で阪神への感情温度が高い，つまり熱烈に阪神を好きであることは，「喜び」や「楽しみ」，「幸せ」な気持ちを増す一方で，「悲しみ」や「怒り」を鎮めていることがわかる．また「驚き」や「とまどい」については，CS（特にファーストステージ）で勝利する確率の見積もりが低かったファンほど強く感じており，勝つとは思っていなかったのに，という意外性のある展開が寄与していたようである．

　しかし何よりもここで注目していただきたいのは，「阪神依存度」（自分の生活が阪神ファンであることに占められている程度）がもつ影響力である．網掛けしてある4つの数値はいずれも同じ正の値だが，どの感情で得られているかを見ていただきたい．阪神依存度が高いファンほど，阪神タイガースが日本シリーズに進出したことで「幸せ」な気持ちを強く感じている一方で，同時に「不安」「悲しみ」「怒り」の程度もより強いのである．ここにこそ本節冒頭で引用したコメントに代表されるような，阪神ファンたちの「うれしいけどうれしくない」アンビバレントな心情が窺える．自分の生活と同期し，ほとんど自分自身とも同化しているような存在であるからこそ，それに対する感情はより複雑になる．

　では彼らは阪神が日本シリーズで勝利する確率はどの程度あると思っていたのだろうか．見積もられた確率を図4-1にまとめた．平均は61.1％，標準偏差（ばらつきの指標）は21.1％であった．グラフを見ても「半々くらいちゃうやろか？」あたりを筆頭に高めの見積もりをするファンが多く，ばらつきは比較的大きいものの，戸惑いはある一方でさらなる慶事を期待しないではいられない様子である．

　では，日本シリーズで勝利する確率の見積もりについては，阪神ファンとしての特徴の何がどのように影響していただろうか．先ほどと同様の分析を

表4-2 分析:「阪神タイガースがCSセカンドステージで勝利したときの気持ち」は何によるものなのか

独立変数 （それぞれの気持ちを抱く原因）	従属変数 （阪神タイガースがCSセカンドステージで勝利したときの気持ち）							
	喜び	楽しみ	幸せ	驚き	とまどい	不安	悲しみ	怒り
性別(女性=0, 男性=1)	-0.05	0.02	-0.04	-0.11	-0.07	-0.07	0.06	0.01
年齢	0.09	0.03	0.01	-0.04	0.01	-0.02	-0.16	-0.16
阪神への感情温度(6月)	0.06	-0.01	0.02	-0.09	-0.02	-0.02	-0.11	-0.03
阪神への感情温度(10月)	0.25	0.16	0.31	0.06	-0.04	-0.08	-0.15	-0.24
CS1st ステージ勝利確率見積もり	0.06	0.01	0.03	-0.17	-0.29	-0.24	0.06	0.08
CS2nd ステージ勝利確率見積もり	-0.05	0.00	0.09	-0.38	-0.04	0.12	0.11	0.08
阪神依存度	-0.04	0.03	0.14	0.04	0.11	0.25	0.27	0.31
選手やスタッフたちを尊敬している	0.23	0.19	0.17	0.05	0.09	-0.04	-0.13	-0.09
世間一般に人気があるから好きだ	-0.01	-0.02	0.01	0.06	0.07	0.09	0.13	0.09
客観的に分析している	0.12	0.02	0.01	0.01	-0.03	-0.01	-0.07	-0.05
弱くても好きだ	0.11	0.24	0.10	0.06	-0.05	-0.03	-0.05	-0.05
決 定 係 数	0.27	0.22	0.34	0.25	0.11	0.09	0.17	0.16

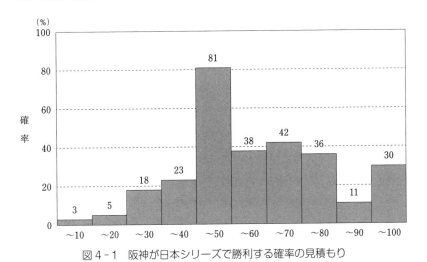

図4-1 阪神が日本シリーズで勝利する確率の見積もり

行ったところ，その結果，男性よりも女性の方が，また，「CS での勝利確率見積もりが高かった」「選手やスタッフたちを尊敬している」「世間一般に人気があるから好き」という傾向が高い方が，日本シリーズで勝利する確率を高く見積もっていることが示された．一方で，阪神依存度や感情温度は影響力をもっていなかった．どうやら確率判断は入れ込み具合には左右されず，比較的冷静に行われていたようである．

3.4 追加調査

　さて，少なからぬファンにとまどいを抱かせたまま日本シリーズに進出した阪神は，福岡ソフトバンクホークスに 1 勝 4 敗と敗れ，1985 年以来 29 年ぶりの日本一奪取はならなかった．筆者は同じ阪神ファンたちに再度の調査協力を依頼した．前述調査とほぼ同様の質問項目に 235 名と 8 割以上の方から回答を得たのだが，ここでは「日本シリーズ（対福岡ソフトバンクホークス戦）で阪神タイガースが勝利し，日本一になる確率はどの程度あると思っていましたか．シリーズが開始する前のお気持ちを思いだしてお答え下さい」という項目，つまりシリーズ前に自分が勝利確率をどう回答したかの記憶についてたずねたものを，前述のシリーズ前予測（実際）と対応づけて比較した分析の結果を紹介しよう（図 4-2）．

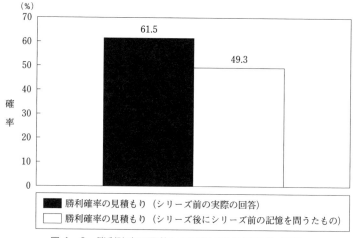

図 4-2　勝利確率の見積もりに際する後知恵バイアス

　一見してわかるとおり，記憶は低い方向に歪んでおり，2つの数値の差は統計的に意味のあるものであった．こうした傾向を心理学では「後知恵バイアス」という．物事が起きてから「それは予測可能だった」と考える傾向のことである．「ほら見てみぃ．日本シリーズなんか出てもしゃあないねん．負けるんは最初からわかってたんや……」とつぶやく阪神ファンの声が聞こえてきそうだ．

3.5　阪神ファンの「愛し方」

　ここまでにご紹介した調査は，阪神ファンのみを対象としたものであり，彼らが「日本シリーズ進出」という椿事に一喜一憂するさまを切り取って，彼らがどのように阪神を愛しているのかを分析，考察してきた．しかしこうしたデータからは，阪神ファンは「他球団のファンと比べて」何がユニークなのかはわからない．そこで，阪神を含む7球団のファンを対象に2014年6月に実施した調査結果から，その特徴を際立たせてみることにしよう．

　この調査では，阪神のほかに，巨人・中日・広島・ソフトバンク・日本ハム・楽天のファンを対象として，ファン心理を問うた．この7球団は，人気スポーツに関する全国意識調査（中央調査社）で「一番好きなプロ野球チーム」として挙げられた割合が高い順（巨人→阪神→ソフトバンク→日本ハム→中日→広島→楽天）に選んだ．ちなみに阪神ファンの割合は全回答者中の11.0% で，特定球団を挙げた回答者のうち 16.4% である（2015年9月調査）.

　ファン心理は5つの側面について問い，それぞれの平均点を球団別に算出して比較した．得点が高いほどその傾向が強いことを示しており，最大値は5である．他球団ファンと比較した場合の阪神ファンの心理的特徴は，「選手やスタッフたちを尊敬している」といったチームや選手への畏敬の念や「有名だから好きだ」といったポピュラー志向が低い一方で，「試合やプレーが悪くても好きだ」のように弱くても好きという傾向が強いことであった（図4-3）.「好不調の波は，自分の生活にも影響している」のような生活との密着や，「情報を常に集めている」といった分析・情報収集志向は球団による差はなかった．広島ファンとは，弱くても好きという傾向の強さとポピュラー志向の低さについては共通しているが（後者は，広島が7球団の中で

（1）　チームや選手への畏敬の念

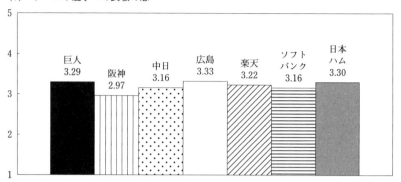

（2）　ポピュラー志向

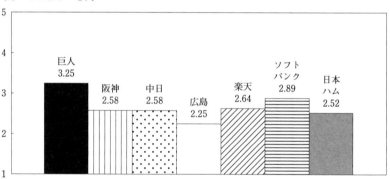

（3）　弱くても好き

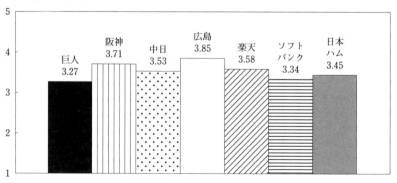

図4-3　応援球団別のファン心理

突出して低い），チームや選手への畏敬の念には違いがあり，広島あるいは他球団と比べて，阪神が突出して低かった．

　3つの調査結果をまとめると，阪神ファンが阪神をどのように捉え，どのように応援しているかが見えてくる．球団は畏敬の対象ではなく，多くの人気を集めるような存在だとも思っておらず，でも，弱くても好き．CSを勝ち抜いて日本シリーズに進出しても単純には喜べないし，阪神の戦いぶりと自分の生活が同化している人ほどその程度は高い．日本シリーズで敗退すると事前にうっすらとでも抱いていたに違いない期待は押し隠す．調査結果どれをとっても，阪神ファンの阪神への愛には屈折したものを感じざるを得ない．阪神ファンにとっての阪神は，みんなに「あいつはやめとけ」と忠告される，たちが悪いとわかっているのにどうしても離れられない恋愛相手のような存在だろうか．それとも「できが悪い子ほどかわいい」と言われる我が子のような存在だろうか．本研究は「阪神ファン」のみにターゲットを絞ったものであるとはいえ，プロ野球の球団を愛する心理はそれほど単純なものではなく，その中に興味深い心理的プロセスがあることを示している．日本でも，アメリカと同じく，もっと積極的に心理学の研究対象として採り上げられてもよいだろう．

　この翌年（2015年）も，阪神は広島の自滅によりかろうじて3位となり，再びCSに進出した．しかし，ファーストステージで巨人にあっさりと負け，日本シリーズ進出はならなかった．CS進出時点で阪神ファンの多くは醒めており，宿敵・巨人に負けたというのに阪神ファンから嘆き悲しむ声が聞かれることはほとんどなかった．おそらくこのときも「悲しいけど悲しくない」アンビバレントな心情を抱いていたのではないだろうか．

　そして，おそらくこれからもずっと，阪神ファンはこのように阪神を愛し続けるのである．

4.　どんな人がチームを愛するのか——広島ファンの場合

4.1　広島東洋カープという球団[1]

　日本のプロ野球，特にセ・リーグの球団について考える際，残念ながら巨人を抜きにして考えることはできない．例えば，広沢らが行った阪神ファンについての一連の研究においては，巨人との対比が大きな割合を占めている（広沢ほか 2006，広沢・小城 2005，岩井ほか 2006）．その中でも，広沢・小城（2005）においては，特に，セ・リーグ 3 球団（広島，阪神，中日）のファンにアンチ巨人傾向が強く示されており，「巨人が負けているとうれしい」「巨人が大嫌いだ」といった項目に賛成する程度は，広島ファンがもっとも高くなっている．広沢・小城（2005）は，広島，阪神，中日の 3 球団のファンが巨人を嫌う理由として，地域に密着した球団であり，東京に対する対抗意識が関係していることなどを挙げている．

　しかし，広島東洋カープという球団の特徴は，巨人や東京への対抗という視点のみからは理解できない．それを理解するためには，まず球団設立の経緯を知る必要がある．

　広島カープは戦後間もない 1949 年に誕生した．なぜ広島に，そしてなぜ戦後間もない時期にプロ野球チームが誕生したのか．1945 年 8 月 6 日午前 8 時 15 分，原子爆弾が投下され広島は壊滅的な被害を受けた．被爆当時，広島には約 35 万人の市民や軍人がいたと考えられていたが，1945 年 12 月末までに約 14 万人が死亡したと推測されている．広島は放射能に汚染され「75 年間は草木も生えぬ」といわれた中，生き残った人々は家族や友人の死を悲しみながら，そして原子爆弾による自身の後遺症に苦しみながらも広島の復興のために尽力した．このような悲惨な体験をした広島市民が復興の希望にしたのが「広島カープ」だった．もともと広島では野球が盛んに行われ

---

　1)　以下の広島東洋カープに関する研究内容は，草川舞子が 2014 年度に関西学院大学社会学部に提出した卒業論文を，書籍に収めるにあたって指導教員の稲増一憲が再構成したものである．したがって，仮説の設定・調査の実施・本文から滲み出るカープ愛などはすべて広島市出身の草川舞子によるものである．

ていたため，原子爆弾によって，人，建物，街，一瞬にして全てが無くなり
廃墟と化した街に，広島市民はプロ野球球団を設立することを切に願った．
広島にある広島城が「鯉城」という愛称を持つことから，「CARP（＝鯉）」
という球団名が付けられ，球団設立運動が始まった．そして 1950 年 1 月に
広島カープのお披露目式が行われ，遂に広島市民の夢が叶ったのである．こ
のように広島カープという球団は，広島市民にとって単に地元の球団という
だけでなく，復興のシンボルとして特別な意味を持っている．

　もうひとつは市民球団としての特徴である．日本のプロスポーツでは企業
が広告塔としてチームを持つことが多く，チーム名に企業名をつけて宣伝し
てもらう代わりに運営資金を与えるという仕組みになっている．「読売ジャ
イアンツ」の親会社は「読売新聞社」，「阪神タイガース」は「阪神電気鉄
道」といった例が挙げられる．しかし，市民の手で作られた広島カープは，
いくつかの地元企業から出資を受けながらも，親会社は持たないという市民
球団としての理念を掲げている．1967 年からは東洋工業株式会社（現・マ
ツダ株式会社）の社長がオーナーに就いているが，球団に資金が用意された
のは一時期だけであり，現在でも広島カープには，他球団のように資金提供
や赤字の補填を行う親会社は存在しない．他球団は宣伝費などの名目で親会
社から多額の補填を受けて球団を経営しているが，広島カープは一切の資金
提供を受けずに約 40 年にわたって黒字を達成している．

　しかし，親会社を持たずにプロ野球チームを運営するというのは並大抵の
ことではない．球団設立当初は資金難が常態化しており，そのしわ寄せが選
手たちにも及んでいた．給料の支払いが遅れ，寮は数人の相部屋，寮に風呂
がないために自腹で銭湯に通わなくてはならず，食堂ではおかわりする余裕
もなかった．また寮の家賃や光熱費も払えず，監督や選手の 20 人余りが近
くの旅館に転がり込むことまであった（平塚 2014）．さらに悲惨なのは遠征
だ．たくさんの資金を持っている他球団は一等車で快適に移動する中，広島
カープの監督や選手は満員の列車の通路に新聞紙を敷いて座り，遠征先に向
かっていた（阿部 2009）．このような苦労をしながらも，厳しい練習に耐え，
約 130 試合を戦っていかなければならなかった．

　資金難による広島カープ最大の危機は，早くも球団設立 2 年目にして訪れ

ている．当時のフロントは，自治体からの出資を中心に資金を集める方法で
進めていたが，実際の出資は遅れ気味でなかなか集まらなかった．さらに見
切り発車でスタートしたために，リーグへの加盟金を払い終えておらず，球
団設立2年目にして「大洋ホエールズとの合併」か「球団解散」かの危機に
追い込まれてしまうこととなる．球団存亡の危機に直面した広島市民たちは，
球場の入り口に設置した「樽募金」によって資金を集めた．原爆が投下され
てからまだ6年しか経っていない復興のさなかであるにも関わらず，募金が
開始されて1年未満で目標額400万円を達成した．球団存亡の危機を救った
樽募金は広島カープの象徴となり，現在の球団本拠地であるMAZDA
Zoom-Zoomスタジアム設立の際にも，樽募金によって1億円以上が集めら
れている．

　現在では，広島カープが解散危機や選手の生活に関わるような資金難に直
面しているというわけではないが，親会社を持つ他球団に比べて金銭的に恵
まれない状態で戦わざるを得ないのも事実である．FA制度で選手を獲得す
ることが難しいのはもちろんのこととして，年俸が高騰した選手を引き留め
ることも困難であり，江藤智・金本知憲・新井貴浩[2]など，過去にFA制度
によって多くの主力選手を流出させている．

　このように，地元意識という言葉では表現し尽くせない，原爆投下によっ
て壊滅した広島の復興のシンボルとしての存在，市民球団であるがゆえの慢
性的な資金不足が広島カープの特徴といえよう．本節においては，これらの
特徴が広島カープファンの心理とどのように関連しているかを考えることで，
どのような人が広島カープを愛しているのかを検証する．

4.2　リサーチクエスチョン

　上記の広島カープの特徴に鑑み，本章では以下のリサーチクエスチョン
（RQ）について検討を行う．

　RQ1：広島ファンにおける球団本拠地（広島）に愛着を持つ人が球団（広

---

2)　2015年に阪神が提示した額の3分の1以下の年俸で広島カープに復帰し，2016年
　には2000本安打を達成した．

島カープ）により好意的という関係は，他球団ファンと比べて強い
のか

RQ2：「お金がすべて」と言う拝金主義的価値観に反発する人は広島カー
　　　プに対して好意的なのか

　野球に限らずプロスポーツチームは本拠地を置く地域との結びつきを重視
しており，地域への愛着が強いほど，観戦に対する関与のレベルが高いとい
った特徴が見られることが明らかになっている（二宮 2010）．また，前出の
メジャーリーグを対象とした Oishi *et al.*（2007）の研究によれば，流動性の
高くない都市においては，チームの勝敗とファンの観戦行動の関連は弱い，
つまりは勝敗と関係なくファンが応援に足を運んでいるということを示して
いる．前述の通り，プロ野球においても広島だけでなく，阪神，中日などは
地域に密着した球団であるとされる（広沢・小城 2005）．しかし，原爆によ
る壊滅的な被害からの復興のシンボルであり，市民の球団である広島カープ
は，単なる地元の球団という以上の意味を持っており，球団本拠地への愛着
と球団への好意的な態度の関連が他球団よりも強いのではないかと考えられ
る．

　加えて，市民球団であるがゆえの資金不足に悩まされる広島カープは，決
して常に上位争いをするチームというわけではない．むしろ，1976 年から
1989 年の好成績を残した時期，いわゆる「赤ヘル黄金時代」を除けば，常
に下位に沈んできたチームである．また，90 年代以降は FA 制度によって
資金力を持つ球団に主力選手を引き抜かれることを度々経験してきた．それ
でも広島カープを応援する人々は，「世の中はお金がすべてである」といっ
た拝金主義的な価値観に対して反発し，そうではない世界を信じているので
はないかと考えられる．

　これら 2 つのリサーチクエスチョンについて，ウェブ調査を用いた検証を
行った．

4.3　方　法

　本研究では，2014 年 11 月にオンライン調査会社のモニターを対象とした

表4-3　球団別のファン構成

球　団　名	人　数	割　合
読売ジャイアンツ	169	30.3%
阪神タイガース	154	27.6%
広島東洋カープ	55	9.9%
中日ドラゴンズ	49	8.8%
東京ヤクルトスワローズ	36	6.5%
横浜DeNAベイスターズ	32	5.7%
特に応援している球団はない	62	11.1%

調査を実施した．調査の対象者は，2014年シーズンに1回以上プロ野球の試合を観戦した満20歳から69歳までの男女557名（男性279名，女性278名）である．本研究でインターネット調査を実施した男女557名の球団別のファン構成について表4-3に示す．広島カープファンの人数は回答者の1割程度にあたる55名であり，巨人・阪神に次ぐ3番目の人数であった．

　球団への態度の測定は，阪神タイガースについての分析と同様，各球団への態度を0〜100度で測定する感情温度計を用いた．

　本拠地への愛着は，「応援している球団の本拠地に対して，どのように感じていますか．あてはまるものを選んでください」という質問文に対して，「5＝とても愛着がある」「4＝少し愛着がある」「3＝どちらともいえない」「2＝あまり愛着がない」「1＝全く愛着がない」の5段階で測定した．

　拝金主義的な価値観への反発の測定は，「A：世の中にはお金より大切なものがたくさんある」「B：成功者が富を得るのは当然のことである」「C：世の中はお金があれば大抵のことは何でもできる」という3つの質問文に対して，「1＝全く思わない」「2＝あまり思わない」「3＝どちらでもない」「4＝少し思う」「5＝とても思う」の5段階で測定した．Aは値が大きいほど，BとCは値が小さいほど，拝金主義とは相容れない価値観を持つということである．

4.4　どんな人が広島カープを愛するのか

　まずは各球団のファンのみを対象として，5点満点の球団への愛着の平均値を比較した（表4-4）．その結果，どの球団についても平均点が約4点に達しており，球団が本拠地を置く地域へのファンの愛着は総じて高いことが

表4-4　各球団ファンの球団本拠地への愛着

巨　人	阪　神	広　島	中　日	横　浜	ヤクルト
3.96	4.12	4.40	4.12	4.25	3.97

注）5点満点.

表4-5　球団本拠地への愛着と球団への態度の関連

独 立 変 数 （感情温度に影響する要因）	巨　人	阪　神	広　島	中　日	横　浜	ヤクルト
性別（女性＝0，男性＝1）	2.60	7.79	− 2.46	10.05	2.26	21.45
年　齢	0.10	0.44	0.13	− 0.20	0.28	0.81
本拠地への愛着	3.79	3.05	11.66	− 0.79	7.33	5.85
切　片	60.74	54.16	29.94	94.27	44.50	24.66
回　答　者　数	159	151	52	47	31	35
決　定　係　数	0.04	0.12	0.14	0.06	0.33	0.26

窺える．その中でも，カープファンの広島への愛着は4.40点ともっとも高かった．

　次に各球団を熱愛している程度（感情温度；表4-1参照）に本拠地への愛着がどの程度影響しているかを知るための分析（感情温度を従属変数，本拠地への愛着を独立変数とし，性別・年齢の影響を統制した重回帰分析）を行った．網掛けしてある数値（偏回帰係数B）が統計的に意味のある影響力を持つことを示している．表4-5に記した結果を見ると，球団に対する感情温度に球団本拠地への愛着が与える影響は，広島カープファンにおいてもっとも高くなっている．回帰係数が11.66ということは，性別・年齢が同じ回答者であれば，本拠地への愛着が5段階中1段階高いと広島カープへの感情温度は11.66度高いということである．一方で，広島と同程度に地元意識が強い球団とされる阪神・中日（広沢・小城 2005）においては，こうした関連性は統計的に意味のあるものではなかった．この分析結果から，単なる東京への対抗ということでは説明できない広島市民の地元球団カープへの特別な感情が存在することが窺える．なお，広島ファンの感情温度の平均値は80度を超えているが，本拠地への愛着の平均値と本拠地の愛着が高まった際の感情温度の上昇量がともに非常に高いため，切片（独立変数の値がすべてゼロの場合の感情温度の値）は非常に低い値になっている．

表4-6　拝金主義的価値観と球団への態度の関連

独 立 変 数 （感情温度に影響する要因）	影響力の大きさ		
	項目A	項目B	項目C
性別（女性＝0，男性＝1）	5.54	6.16	6.50
年　齢	− 0.13	− 0.09	− 0.07
広島県出身	41.21	41.11	41.37
項目A：お金より大切なものがある	3.48		
項目B：成功者が富を得るのは当然		3.84	
項目C：お金があれば大抵のことができる			2.65
切　片	38.26	35.04	38.56
回 答 者 数	525	525	525
決 定 係 数	0.12	0.13	0.12

　次に，拝金主義的価値観に反発する人が広島カープに好意的なのかという
リサーチクエスチョンの検証を行う．本調査の設計当初は，「A：お金より
大切なものがある」という項目はアンチ拝金主義的な価値観を，「B：成功
者が富を得るのは当然」「C：お金があれば大抵のことができる」という質
問項目は拝金主義的な価値観を反映することを想定していた．もしその想定
が正しければ，AとBおよびAとCは負の相関関係，BとCは正の相関関
係を持つと考えられる．しかし，実際のデータで相関係数を確認すると，B
とCは0.47という比較的強い正の相関関係を持つものの，AとCは−0.03
と統計的に意味のある相関を持っておらず，AとBは予想に反して0.24と
統計的に意味のある正の相関関係を持っていた．そこで，これらの項目をま
とめて扱うのではなく，それぞれ別の意味を持つ変数として分析を行った．

　回答者の性別・年齢，そして広島県出身であるかどうかの影響を加味した
上で，上記3項目に対する回答が広島カープに対する感情温度に与える影響
を検証した分析の結果を表4-6に示す．「A：お金より大切なものがある」
という質問項目への賛意が5段階中1段階高まると，感情温度が3.48度上
がり，「B：成功者が富を得るのは当然」という質問項目への賛意が5段階
中1段階高まると，感情温度が3.84度上がり，「C：お金があれば大抵のこ
とができる」という質問項目への賛意が5段階中1段階高まると，感情温度
が2.65度上がるという傾向が見られた．

　つまり，「お金より大切なものがある」と考える人が広島カープに好意的だというのは予想通りの結果だが，「成功者が富を得るのは当然」や「お金があれば大抵のことができる」と考える人が広島カープに好意的という結果も得られたということである．これはどう解釈すべき結果だろうか．

　まず，資金に乏しいながらも一生懸命練習に励み，戦ってきた広島東洋カープに対する"希望"や"夢"が「世の中にはお金より大切なものがある」という考えに結びついているのではないかと考えられる．しかし資金が乏しいために，長らく優勝からは遠ざかっている．手塩にかけて育て上げた選手が他球団に移籍してしまうことが多く，さらに他球団の強い選手を獲得することもできないことが広島カープの現実である．そのため広島カープに対する好感度が高い人は，これらの現実を冷静に受け止めているのではないだろうか．このように，「世の中は所詮お金である」という現実を痛感しながらも，「世の中にはお金より大切なものがある」と信じているのが広島カープを応援する人の特徴だと考えられる．

　これを象徴するかのようなエピソードとして，インターネット上でカープファンによって語られている黒田博樹投手（長らく広島カープのエースであったが，2008年にFA制度によってロサンゼルスドジャースに移籍し，その後2012年にニューヨークヤンキースに移籍した）にまつわるショートストーリーを紹介したい．「広島カープ」がニューヨークに乗り込み，「ニューヨークヤンキース」から「クロダ」を購入しようとする場面だ．

　　ニューヨーク市民「……（ヒソヒソ）」
　　広島カープ「このクロダっていうのください」
　　ニューヨークヤンキース「……お客様，失礼ですがお店をお間違いでは？」
　　広島カープ「ううん，ここだよ？　クロダはね，むかしカープにいたんだよ！」
　　ニューヨークヤンキース「はぁ……」
　　広島カープ「あ，おかねもちゃんともってきたよ（タルボキンドバー）」
　　ニューヨークヤンキース「ちょっと！　そんなもの散らかさないでくだ

　　さい」

　広島カープ「え……」

　ニューヨークヤンキース「しまってください，そんな汚いもの！」

　広島カープ「え，え……．で，でも，これおかねだよ？」

　ニューヨークヤンキース「小銭ばかり……．こんなものでは，うちでは
　　何も買えませんよ」

　この後は，カープがヤンキースによって突き飛ばされ，せっかくのタルボ
キン＝樽から出した募金の小銭が床に散らばる中，「出ていけ貧乏人」と冷
たく追い返されるという展開が続く．このストーリーは，広島カープの資金
が乏しいことを，球団とファンの絆の象徴である樽募金を用いながら，自虐
的に描いている．結局は「世の中はお金である」ということをカープ（ファ
ン）は痛いほど知っているのである．

　しかし実際には 2014 年 12 月に，このストーリーとは正反対の事態が訪れ
る．黒田投手は，ニューヨークヤンキースから提示された 20 億円近くの年
俸を蹴って，5 分の 1 程度の年俸しか提示できない広島カープに復帰したの
である．「世の中はお金である」という現実を直視しながらも，そうではな
いと信じたい広島カープの理想が現実のものとなった瞬間であったというこ
とを考えれば，このニュースが広島カープファンに熱狂をもって受け止めら
れたことは当然のことである．

　黒田投手の復帰によって優勝候補とも目された広島カープであったが，
2015 年シーズンは 4 位という成績であり，優勝はおろかクライマックスシ
リーズ進出すらも逃した．しかし，広島カープファンたちは，これからも
「世の中はお金ではない」という理想が実現する日を信じて，市民球団カー
プを応援し続けることであろう．

参考文献

阿部珠樹（2009），『Hiroshima 都市と球場の物語——ありがとう！ 広島市民球場』
　　PHP 研究所．

岩井洋・広沢俊宗・井上義和（2006），「プロ野球ファンに関する研究（6）　阪神ファ
　　ンと巨人ファンのイメージ」『関西国際大学地域研究所叢書』第 3 巻，41-48 頁．

小城英子・広沢俊宗（2005），「プロ野球ファンに関する研究（2）　ファン心理の球団別比較」『関西国際大学地域研究所叢書』第2巻，19-26頁．

二宮浩彰（2010），「プロスポーツ・ファンの地域愛着とスポーツ観戦者行動」『スポーツ産業学研究』第20巻1号，97-107頁．

平塚七郎（2014），「広島東洋カープを支える市民の力」『PHP Online 衆知』2014年06月03日公開．http://shuchi.php.co.jp/article/1950

広沢俊宗・井上義和・岩井洋（2006），「プロ野球ファンに関する研究（5）　ファン心理，応援行動，および集団所属意識の構造」『関西国際大学地域研究所叢書』第3巻，29-40頁．

広沢俊宗・小城英子（2005），「プロ野球ファンに関する研究（1）　阪神ファンと巨人ファンの比較」『関西国際大学地域研究所叢書』第2巻，3-18頁．

松井豊［編］（1994），『ファンとブームの社会心理』サイエンス社．

Oishi, Shigehiro, Alexander J. Rothman, Mark Snyder, Jenny Su, Keri Zehm, Andrew W. Hertel, Marti H. Gonzales, and Gary D. Sherman（2007），"The Socio-ecological Model of Procommunity Action: The Benefits of Residential Stability," *Journal of Personality and Social Psychology*, Vol. 93(5), pp. 831-844.

第 章

社会的営みとしての球団愛
──プロ野球ファンの集団力学

中 西 大 輔

1. プロ野球ファンと集団力学

　特定のプロ野球チームのファンであることは単に個人的な好みの表明ではない．球場でのファンどうしの一体感は心地よい熱狂を感じさせるし，共通点のあまりない知人であっても，同じ球団を応援していればそのネタだけで数時間は楽しく会話ができる．筆者の所属しているある共同研究プロジェクトには熱狂的な阪神ファンが2名も入っているため，研究テーマと関係のない昨日の阪神のぼろ負け試合を嘆くメールだけで10通近いやり取りがなされることがある．また，そういうやり取りを見て「やはり阪神ファンは熱狂的すぎて面倒くさい」という北海道出身で広島在住の筆者の偏見が強化されたりする．ファンであるということは，それ自体すぐれて社会的な営みである．もちろん実際に阪神ファンが他の球団よりも熱狂的であるという可能性は存在するが，そうしたアツいやりとりは2名以上が集まった場で営まれるということである．

　つまり，「ある球団が好きだ」という選好を持ち，それを表明することは単に個人の好みではなく，社会的な関係とセットになっている．「たかがプロ野球のファンであるかどうかがそんなに学問的な検討対象となるくらい重要な研究テーマなの？」と思うだろうか．そう思うのも無理はないが，集団での一体感や他の集団との葛藤などは，人間が人間として社会生活を営む上

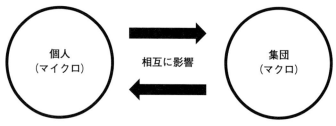

図5-1　マイクロ = マクロ・ダイナミックス

で極めて本質的な意味を持っている．この章では集団力学（group dynam-ics）の観点から，そんなプロ野球ファンの行動を見ていくことにしよう．

　集団力学は個人と集団の関係，集団どうしの関係を力学的・動態的に把握しようとする社会心理学の一分野であり，クルト・レヴィン（Kurt Zadek Lewin: 1890～1947）によって確立された．そこで特に重視されるのは，マイクロ = マクロ・ダイナミックス（micro-macro dynamics）という考え方である．この考え方では，個（マイクロ）と集団・社会（マクロ）を相互構成的に考える（図5-1）．すなわち，集団を作るのは個人の集合体だが，一度作られた集団はそこの所属する個々人に影響を与える．そのような相互に構成しあう関係として，個と集団を動的に捉える．

　たとえば，アンデルセンの童話「裸の王様」で，なぜ大人たちは「王様は裸だ」と言えなかったのだろうか．大人たちにとっては，「他の大人たちが黙っている」ということが，社会的に作られた現実となって沈黙への圧力となっている．「他の人たちには王様の素敵な衣装が見えているのかもしれない，自分は馬鹿だから見えないのだろう」．しかし，みんながそのように考えていたとしたらどうだろう．誰も言い出さなければ，この社会的現実が破壊されることもない．自分が沈黙することは他者への圧力となり，また他者が沈黙することは自分への圧力となる．このように，相互に沈黙への強化がなされた結果，誰も何も言わないという集合的な沈黙が発生する．このような現象は「沈黙の螺旋（spiral of silence）」あるいは「多元的無知（pluralis-tic ignorance）」と言われている．

　大学の講義で誰一人として分かっていないのに，誰も質問をしないことがある．誰一人として分かっていないことは，分かりにくい講義を展開した筆

者本人には明らかなのに，誰も手を挙げない．ある学生などは「（みんな分かっていないのに）どうしてみんな質問しないの？」と不思議そうな顔をする．この学生が沈黙していることもまた，他の学生に対する沈黙の圧力となっているのに，それを自覚することはなかなかに難しい．

このように，集団力学の視点は，自分の行動が他者に影響を与え，他者の行動がまた自分の行動を規定するという相互依存的な環境に目を向けることの重要性を指摘している．裸の王様や質問しない学生の話はどちらかというとネガティブな側面だが，同じチームを応援する一体感や規律に従う集団など，ポジティブな側面にも集団力学は働いている．「ここではゴミを捨ててはいけないとみんなが思っているし，捨てたらきっと怒られる」という信念をみんなが持つことは（本当はゴミをポイ捨てしても誰にも叱られないとしても）実際に街をきれいにするし，「みんながチームの勝利を祈っている」と思うことは，実は一人一人が「勝利なんてどうでもいい」と思っているとしても，一体的な応援につながる．大事なのは，本人が実際にどう思っているかではなく，「他のひとはこう思っている」とみんなが思っている内容なのである．

2. 社会的アイデンティティとしてのファン

さて，このような集団力学の視点はプロ野球ファンの行動を検討する上でどのように役立つのだろうか．最初に述べたように，プロ野球ファンであることは，単に個人的な好みの表明ではない．関西に住む巨人ファンのように，ファンであることをひた隠しにして生きているのでない限り，ファンであればお互いに昨日の継投策について嘆いて慰め合うし，野球のこと以外でも関係を持つ機会が増える．狭くて不健康な喫煙所に閉じ込められた喫煙者が休憩時間に互いの親交を深めるように，ある特定のチームを応援していることは，それだけで互いの関係強化に繋がる．カープファンは巨人ファンが困っていても，いじわるこそすれ助けてあげることはまずないだろうが，相手がカープの帽子を被って広島弁をしゃべっていれば，どんなに忙しくても援助したい気持ちになるものだ．しかも，単に同じチームを応援している人を助

けたいと個人的に思うだけではなく，同じチームを応援する者であれば助け
合うのが当然だという集合的な期待が成立しているという意味で，極めて集
団力学的なのだ．

　自分と同じ集団の人だったら助けてあげたい，優遇してあげたいと思う心
理を「内集団ひいき（ingroup favoritism）」という．しかし，単に応援する
野球チームが違うだけで，どの程度の内集団ひいきが起こるというのだろう
か．このことを考える前に，内集団ひいき研究の古典であるシェリフ（Mu-
zafer Sheri: 1906〜1988）による泥棒洞窟実験（the robbers cave experi-
ment）を紹介しよう（Sherif *et al.* 1961）.

　シェリフは，サマーキャンプに参加した11歳から12歳の少年たちを無作
為に2つの集団に分けて，利害の対立する事態に置いた．実験者は意地の悪
いことに，この子どもたちが資源を奪い合う状況，すなわち集団間葛藤の状
況を作り出したのである．いったい何が起こっただろうか．少年たちはもと
もとランダムに分けられただけの集団であったのに，次第に相手の集団を憎
むようになった．そこでシェリフは，映画や食事など，お互いの集団が一緒
に活動をする機会を増やした．しかし，こうした融合の試みはことごとく失
敗する．

　少年たちの集団がお互いに和解したのは，水道管の故障や動かなくなった
トラックを動かす共同作業など，2つの集団が協力しなければ解決できない
上位目標（superordinate goals）の導入によってであった．シェリフはこの
実験から，現実的な利益の葛藤が内集団ひいきを生じさせるという現実的葛
藤理論（realistic conflict theory）を提唱した．

　さて，単にランダムに分けられただけの集団で生じた葛藤は，たまたま幼
い少年たちだったからなのだろうか．あるいはアツくなりやすい性格の人が
たまたま集まっていたからなのだろうか．これまで社会心理学の分野で得ら
れた知見では，数多くの実験で内集団ひいきの発生が観察されている．しか
も，現実的な葛藤が全くない集団の間でも，内集団ひいきが観測されること
が分かってきた．単にカテゴリーに分けられるだけで内集団ひいきが起こる
ことが分かってきたため，社会心理学の界隈は大騒ぎになった．実験室でカ
テゴリー分けに伝統的に使われてきたのは絵画の好みである．クレーとカン

ディンスキーの絵を実験参加者に見せて，どちらが好きかを判断させる．この判断を複数回繰り返し，「あなたはクレー（カンディンスキー）の絵が好きなクレー（カンディンスキー）集団です」などと，実験参加者にフィードバックするのだ．どちらの絵画が好きかだけで内集団ひいきが起こるとは直感的にはなかなか思えないが，これまでこの手の内集団ひいき研究は山ほど行われてきた．

　こうした実験研究は「社会的アイデンティティ理論（social identity theory）」という枠組みの台頭を招いた．なぜ単にカテゴリーに分けただけの集団で内集団ひいきが発生するのだろうか．社会的アイデンティティ理論の研究者たちは「自分は何某何兵衛である」といった個人的なアイデンティティだけではなく，「自分は何々グループという集団の一員である」という社会的なアイデンティティが重要であると考えた．そこで重要とされたのが自尊心である．自尊心とは，自分には価値があって尊敬されるべきだという感情である．自尊心は社会的に適応した生活を営む上で（少なくともアメリカでは）重要とされている．社会的な存在である人間は，社会的なアイデンティティを介して自尊心を向上させているのではないか．社会的アイデンティティ理論家たちはそのように考えた．具体的に言えば，カープファンの自分にとってカープが勝利することは，自分の自尊心を向上させるのである．自分がプレーしたわけでもないのに「勇気をもらった」とか「すかっとした」と感じるのも，自己を集団の一員とみなしていることの証拠と言える．

　すなわち，自分がファンとなっているチームの勝利が間接的に自己の自尊心を維持させる上で役に立つから，自分はファンとしてチームを応援するという論理である．しかし，冷静に考えれば，個人と集団とは別のものである．それなのに，どうして自分の応援しているチームの勝利が，その人自身の自尊心の向上につながるのだろうか．それは，自己と自己が所属している集団とは，社会的アイデンティティのレベルで同一化しており，そのために自分の応援しているチームの成功が，すなわち自分の成功のように感じられるというのである．

　こうした社会的アイデンティティ理論の説明は，多くの社会心理学の教科書に定説として紹介されている．しかし，よく考えてみるとこの説明にはお

かしな点が存在する．まず，自尊心の向上のために自分の好きなチームを応援している仲間を援助するという命題は，そもそもなぜ人は自尊心を向上させるために行動するのかという疑問を呼び起こす．そういった疑問に対して「自尊心を向上させることは気持ちがよいから」と「説明」したとしよう．しかしこのような「説明」は，まともな「説明」になっていないことは賢明な読者ならすぐに気づくだろう．「自尊心を向上させる」ことを「気持ちがよい」と言い換えているだけだからである．あるいは「人には自尊心向上動機がある」という説明でも構わないが，それも「動機」という構成概念を用いた単なる言い換えである．こうした言い換えによる説明を「トートロジー（同義反復）」という．心理学の理論において，動機を用いた説明は全てこのトートロジーの罠に陥っている．「なぜあの難しい球を長打に持っていくことができたのでしょうか？」「気持ちで勝っているんでしょうね」といった野球解説者の精神論的な解説もだいたいこれの仲間である．ヒットを打てたのはなぜかという疑問に対してヒットを打てる気持ちだったからだ，という説明である．こうした説明ならなんでも「説明」できてしまうだろう．「なぜあなたはお金を盗んだのですか？」と質問されたのに，「お金を盗みたかったからです」と答えているようなものだからである．

　もちろん，様々な現象に対してこうしたレベルの回答しかできない状況も存在する．「なぜあなたはベイスターズが好きなのか？」といった質問である．こうした質問に対しては「好きな選手がいる」とか「横浜出身だから」といったレベルでの回答もできるが，しかし「なぜ好きな選手がいるチームが好きなのか．あるいはなぜその選手が好きなのか？」とさらにしつこく聞かれたらどうだろう．何かが好きな理由というのは，それ自体として遡ることが難しい．好きな要素をいろいろと分解することはできても，「説明」にはなかなかならないのである．

　このように社会的アイデンティティ理論の説明には首を傾げざるをえない点が存在するが，同じカテゴリーに所属する仲間をひいきすることはあるし，日本人がスポーツで活躍するとそのスポーツに全く関係のない日本人であっても気持ちが高揚することがある．それでは，なぜわれわれは内集団ひいきをしてしまうのだろうか．

3.　助け合いのネットワークとしてのファン

　社会的アイデンティティ理論による説明がトートロジーに陥っており，十分でないとしたら，内集団ひいきはいったい何が原因によって引き起こされると考えるべきなのだろうか．北海道大学を拠点としていた山岸俊男（現所属は一橋大学）を中心とする研究グループは1990年代から社会的アイデンティティ理論に対する批判を行ってきた．同じ集団の仲間に対しては協力し，異なる集団の成員には協力しないといった内集団ひいきを行っているという現象は，どうやって説明できるだろう．たとえば自分がカープファンで，同じくカープファンの人が街で困っているという状況を考えてみよう．この場合，単に「相手がカープファンである」というだけで協力するというのが，社会的アイデンティティ理論の予測になる．しかし本当にそうだろうか．困っているカープファンを見つけたカープファンの気持ちになってみてほしい．困っているカープファンに対してあなたが手を差し伸べても，全く見返りが期待できない状況ではどうだろう．それでも，あなたはその相手に（カープと無関係の人以上に）親切にするだろうか．

　このことを確認したのが神ほか（1996）による実験である．この実験では，実験参加者は実験者から渡された500円を，自分と同じ集団の成員と自分と異なる集団の成員に配分することを求められた．実験では250円ずつ平等に分配してもよいし，全額を自分と同じ集団の成員に分配しても構わない．なお，この実験では実験に参加することで得られる報酬がどのように決まるかが，実験者によって操作されていた．この実験では，実験参加者本人の報酬が他者によって決まる条件（双方向条件）と，他者の決定に影響を受けない条件（一方向条件）の2条件を設けていた．つまり，双方向条件では自分が他者の報酬を決めると同様に，自分の報酬も他者によって決められたが，一方向条件では自分は他者の報酬分配を行うが，自分の報酬は固定され，300円であった．実験参加者は報酬分配実験に先立って行われた課題で「黒地に白い点を正確に推定する人と，白地に黒い点を正確に推定する人」に分けられていた．なお，このように，意味のない基準で集団を分ける手続きを，集

団としての成立条件が最小であるという意味で，最小条件集団パラダイム（minimum group paradigm）という．

　社会的アイデンティティ理論が正しければ，報酬がどう決まるかとは関係なく，一方向条件でも内集団ひいきが生じると考えられる．なぜなら，社会的アイデンティティ理論では，内集団ひいきは同じ集団に所属していることが重要だからである．しかし実験の結果は，その予測を支持しなかった．内集団ひいきが生じたのは双方向条件のみだったのである．双方向条件では500円のうち平均282.27円を，一方向条件では平均244.77円を内集団に配分していた．平等に分配すると250円になることから，双方向条件では自分と同じ集団の成員に多くを分配する内集団ひいきが観察されているが，双方向条件ではほぼ平等に分配するという結果が得られていることが分かる．

　この実験結果は，相手がカープファンだと知っているだけではだめで，自分がカープファンに対して協力したことによって，将来見返りが期待できなければいけないということを意味している．つまり，「カープファンに協力すると自尊心が満たされる」から協力するのではなく，「カープファンに協力すると将来自分も助けてもらえる」と思うから協力するのだ．このように，同じ集団に所属していることは，自分がその助け合いの輪に入っていることを意味している．これを閉ざされた一般互酬仮説（bounded generalized reciprocity hypothesis：以下，互酬仮説）（清成 2002）と呼ぶ．

　実は2003年に北海道から広島に移住したとき，筆者は巨人ファンだった．その頃，北海道では巨人が最も人気の球団で，北海道日本ハムファイターズが設立されたのはその年の8月であった．当時はまだ旧広島市民球場の時代で，院生時代の友人と巨人×広島戦を観戦に行ったことがある．巨人を応援していたので，当然三塁側で応援していたのだが，さすが本拠地では三塁側までカープファンが押しかけていた．周りはほとんど真っ赤で，非常に気まずい思いをしたのを覚えている（どちらが勝ったのかまで忘れてしまった）．しかも広島で知り合った友人たちは当然ほとんどがカープファンだし，タクシーに乗ると「今日は勝っとりますか？」と広島弁の運転手に聞かれることも多々あった．もちろん今日は（カープが）勝ったのか，と聞いているのだ．

　その頃，筆者は広島ではカープファンでないということは日常のさまざ

な活動に支障をきたしそうだと（少し大げさだが）考え始めた．なぜ広島に
はカープファンが多いかといえば，必ずしもみんなが心からカープを応援し
ていてその勝利を祈っているのではなく，周囲の他者がカープを応援してい
るという事情が大きいのではないかと思い始めた．カープファンを対象にし
た研究をしてみたいと思ったのは，そんな個人的な経験がもとになっている．

　同じカテゴリーに所属することは，自分が望むと望まないとにかかわらず，
助け合いのネットワークに所属しているということを含意する．もちろん，
同じ球団のファンであるという情報を使わなくても助け合いのネットワーク
を形成することは可能である．たとえば趣味が共通であるとか，血のつなが
りがあるとか，様々な手がかりを使ってわれわれは助け合いのネットワーク
範囲を推定する．しかし，たとえば広島に住んでいる人が自分と同じ趣味を
持っている可能性は高くはない．筆者はカメラや自動車が多少好きだが，た
またま会った見知らぬ相手が同じ趣味を持っているとは全く思えない．しか
し，その人が広島人であれば，相手がカープファンである可能性はかなり高
い．地方都市に住む者であれば，その街を本拠地にしている球団を応援して
いるということを表明することが，てっとりばやく共通点を見つけ出す上で
有効である．

　これまで社会心理学者が明らかにしてきたのは，たとえ意味のないカテゴ
リーであれ，同じ集団に所属しているということが相互の協力を促進すると
いうことであった．これまで実験でよく用いられてきたのは，絵画の好みや
無数の点の数をどの程度正確に推定するかといった基準であったが，同じ球
団のファンであるということは，それらと比べてはるかに実体性の高いカテ
ゴリーである．

4.　カープファンはカープファンを助けるか？

　以上の考察から，筆者は共同研究者の中川裕美（広島修道大学大学院人文
科学研究科博士後期課程），横田晋大（当時，広島修道大学．現総合研究大
学院大学）と議論を重ね，カープファンを対象とした研究を行ってきた．互
酬仮説を踏まえれば，困っている相手がカープファンかそうでないかで相手

を助けようとする意図に差が出るだろう．また，自分が助けることで将来的に自分を助けてくれるだろうという期待は，お互いにカープファンだと知っていなければ成り立たない（神・山岸 1997）．そのため，お互いにカープファンだと知っているときのみ，相手を助ける程度は高いだろう．これらの予測を検証するにあたり，様々な方法を考えうる．最も有効なのは実験ゲームを使う方法である．たとえば，実験参加者に 1,000 円を渡し，その 1,000 円を 2 名の他者に分配してもらうというやり方である．分配対象の 2 名に関する情報が全くなければ，500 円ずつ平等に分配するのが最もありうるパターンだが，片方は自分と同じカテゴリー（たとえば自分と同じくカープファン）であり，もう片方は異なるカテゴリー（たとえば自分と異なる巨人ファン）であれば，事情は変わってくる．これまで社会心理学者はこうした分配ゲームを通じて，ほとんど意味のないカテゴリーであっても，いったん集団に分けられてしまえば同じ集団に分けられた仲間に対してより多く分配することを明らかにしている（たとえば Brewer 1979; Tajfel 1970; Tajfel *et al.* 1971）．

　筆者らは，報酬分配などの実際のお金のやり取りではなく，場面想定法というやり方でカープファンの内集団ひいきについて検討することにした．実験室における金銭のやり取りという人工的な環境よりもより現実的な場面を想定したかったことと，実験実施上のコストの問題から，最初に行う実験は場面想定法が望ましいと考えたからである．

　場面想定法というのは，現実に起こりうる状況を実験参加者に示し，自分がその状況に置かれたらどのように振舞うかを質問する仮想的な実験である．もちろん，場面を想定させて回答させるわけなので，実際にその場面に出くわしたら同じ行動をするとは限らない．しかし，複数の状況を想定させて，それらの間に系統的な回答の差異が得られれば，その差異は実際の行動に多少は反映されると考えられる．われわれは学生に教室で配布した冊子でシナリオを示し，そこでの行動を質問紙上に回答させた．なお，この実験は『社会心理学研究』第 30 巻 3 号に掲載されたものである（中川ほか 2015）．

　この研究では，広島修道大学の学生 262 名（男性 116 名，女性 145 名，不明 1 名）を対象とした．これらの学生のうち，204 名が広島県出身で，広島

カープを応援していると回答した者は 117 名（男性 52 名，女性 65 名）であった．実験参加者のうち，45% 程度がカープファンだったことになる．なお，カープファンがどの程度「アツい」ファンであるかを中川が調べたところ，2000 年以降 2012 年までカープは 4 位から 5 位と安定して成績が低迷しているにもかかわらず，観客動員数の延総数は 125 万人とかなり多い．同じ年度における巨人の観客動員数は 321 万人だが，広島県の人口が 287 万人，東京都の人口が 1,270 万人ということを考えると，単純に計算するとカープは県人口のうち 44% が球場に足を運んでおり，これは巨人の 25% を大きく上回っている．確かに，カープは弱いが，カープファンは「アツい」のだ．

　なお，スポーツファンの内集団ひいき研究は他にもある．たとえばレヴィンらの研究（Levin *et al.* 2005）では，フットボールのマンチェスターユナイテッドのファンを用いている．第 1 の実験で，質問紙によりマンチェスターユナイテッドのファンであることを確認した後，第 2 の実験へ移動するという名目で実験参加者を連れ出し，道中でマンチェスターユナイテッドの T シャツを着た人が困っているという場面に遭遇させた．この実験では，マンチェスターユナイテッドのファンは同じマンチェスターユナイテッドのファンを助ける傾向が強いことが示されている．また，プラトーらの研究（Platow *et al.* 1999）では，アメリカンフットボールの試合前と試合後で寄付を募った．チームの所属性をスカーフで表し，試合で対立する 2 チームと不特定の募金活動チームを設定した．チームと自分を一体だと強く思っているファンは，外集団チームよりも内集団チームの行う募金に寄付を行った．また，勝利チームは試合後に一般的なスポーツファンとしての同一化の程度が増加するという結果が得られている．このように，スポーツファンはスポーツ以外の状況でも同じチームを応援している者に対して協力的に振舞うことが知られている．

　さて，プロ野球ファンの内集団ひいき行動を測定するため，われわれは街で見かけた他者に援助の手を差し伸べるかどうかを決める場面として，以下のような 5 つの場面を準備した．それぞれの場面における回答は 5 段階（1：全くそう思わない〜5：非常にそう思う）で尋ねている．

- Bさんは電車の乗り継ぎの仕方が分からずに困っています．あなたは，乗り継ぎの仕方を教えてあげると思いますか？
- Bさんは買い物をして，街を歩いていました．すると袋の底が抜け中身が散乱しました．たまたま通りかかったあなたは拾ってあげると思いますか？
- Bさんはケガをして，松葉づえをついてバスに乗りこみました．バスは全座席が埋まっています．Bさんの目の前に座っているあなたは座席を譲ると思いますか？
- Bさんは，道を歩いている途中で転んでしまい，その拍子に車のカギを排水溝に落としてしまいました．開けようとしても，排水溝のふたは重くてびくともしないようです．たまたま一部始終を見ていたあなたは排水溝のふたを開けるのを手伝うと思いますか？

　また，これと同様に，自分が困っている時に他者が助けてくれると思うかどうかを以下のように尋ねた．

- あなたは，電車の乗り継ぎの仕方が分からずに困っています．Bさんは，乗り継ぎの仕方を教えてくれると思いますか？
- あなたは買い物をして，街を歩いていました．すると袋の底が抜け中身が散乱しました．たまたま通りかかったBさんは拾ってくれると思いますか？
- あなたはケガをして，松葉づえをついてバスに乗りこみました．バスは全座席が埋まっています．あなたの目の前に座っているBさんはあなたに座席を譲ってくれると思いますか？
- あなたは，道を歩いている途中で転んでしまい，その拍子に車のカギを排水溝に落としてしまいました．開けようとしても，排水溝のふたは重くてびくともしません．たまたま一部始終を見ていたBさんは排水溝のふたを開けるのを手伝ってくれると思いますか？

　なぜこのように立場を入れ替えた2通りの聞き方をしたのかといえば，最

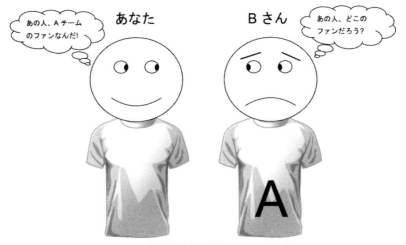

図5-2 場面想定法の実験で用いられた図

注） 実験では「A」を「カープ」と読み替えるように教示している.
出所） 中川ほか（2015）.

初の質問群では実験参加者本人の協力傾向を知りたかったのに対して，2つめの質問群では他人の協力傾向についての期待を測定したかったからである.

さて，この実験ではシナリオに登場する「あなた」（自分）と「Bさん」の集団の所属の情報について，4つの条件を設定した.自分もBさんもカープのTシャツを着ており，お互いに相手がカープファンだと分かる状況だと教示される相互条件，BさんだけがカープのTシャツを着ており，自分だけが相手のことをカープファンだと知っている自知条件，自分だけがカープのTシャツを着ており，Bさんだけが自分をカープファンだと知っている相知条件，お互いにどこのファンだか分からない不明条件の4つである（図5-2は自知条件で実験参加者に示された図）.これら4つの状況を様々な順序で実験参加者に提示し，上にある8つの質問への回答を求めた.

ここで知りたいのは，見知らぬ相手への協力は，相手が自分と同じカープファンだということが重要なのか，それともお互いにカープファンだと分かることが重要なのかという点である.社会的アイデンティティ理論を思い出してほしい.理論では，相手を助けるかどうかは同じ集団に所属していることが重要である.そのため，自分がカープファンかどうかを相手が知ってい

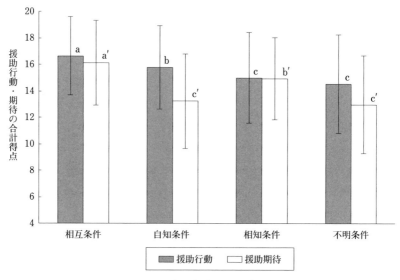

図5-3　場面想定法の実験結果

注）同じ記号どうしは統計的に差がないことを意味する．この場合，a（a'）の値が最も高く，c（c'）の値が
　最も低いという差が統計的に意味のあるものであることを意味している．また，ダッシュ記号のないものは
　援助行動について，ダッシュ記号のついたものは援助期待についての差を示している．
出所）中川ほか（2015）.

るかどうかとは関係なく，ただ助ける相手がカープファンであればよい．し
かし，互酬仮説からは異なる予測がもたらされる．同じ集団に所属している
だけではなく，相手も自分のことをカープファンだと分からなければ，将来
助けてもらえる可能性は低くなるためである．そのため，この実験では，再
び社会的アイデンティティ理論と互酬仮説のどちらが妥当かを調べることが
できるのである．

　実際にデータを見てみよう（図5-3）．このグラフの縦軸は援助行動（自
分が協力するかどうか）あるいは援助期待（Bさんが自分に協力してくれる
と思う見積もり）の合計値である．援助行動，期待ともに4つの場面に5段
階で回答をさせているので，それを合計した縦軸は4点から20点まで分布
する．つまり，すべての質問に1と回答した者の得点は4点，すべての質問
に5と回答した者の得点は20点となる．援助行動ではこの得点が高いほど
Bさんに対して協力すると回答したことを意味するし，援助期待ではこの得

点が高いほどBさんが自分に対して協力してくれると期待していることを意味する.

　まず援助行動の方から見てみよう. 値が最も高いのは相互条件である. つまり, お互いに相手がカープファンだと分かる条件で最も相手に援助することが分かる. 次に値が高いのは自知条件である. つまり, Bさんがカープファンだと自分が知っていれば援助しやすいということを意味する. その次が相知条件, 最も協力の程度が低いのが不明条件であった. これらの差は偶然ではなく, 統計的な検定の結果, 協力傾向は相互条件＞自知条件＞相知条件＞不明条件の順となった. つまり, 相手が自分と同じカープファンであると分かると（相互条件と自知条件）相手に援助する傾向にあるが, その中でもお互いがカープファンだと分かっている状況で最も協力傾向が高くなるということが分かった.

　援助期待のデータはどうだろう. 援助期待もやはり相互条件で最も高いことが分かる. 次に値が高いのは相知条件である. つまり, 相手が自分のことを同じカープファンだと思っていると, 自分に対して協力してくれるだろうと, 実験参加者は思っている. すこしややこしいが, これは援助行動の裏返しのパタンと考えることができるだろう. ここでもやはり, お互いにカープファンだと分かっているという状況が協力を促進すると, 実験参加者が考えていることが分かる.

　この実験の結果は, われわれが広島の街中を歩く時にはカープのユニフォームを着ていたほうがよい, という以上にどんな含意があるのだろうか. まず, 理論的にはこれまで対立してきた社会的アイデンティティ理論と互酬仮説それぞれが支持される結果が得られたということである. 社会的アイデンティティ理論の予測では, 自分にとって相手が同じ集団（この実験の場合はカープファン）に所属しているかどうかが重要であるため, お互いに相手をカープファンだと知っている相互条件と, 自分だけが相手をカープファンだと認めている自知条件で他の2条件よりも協力傾向が高くなる. 実際にデータはこれを支持している. 一方, 互酬仮説では自分が相手のことをカープファンだと知っているだけではなく, お互いにカープファンだと認識しあうことが重要である. これについてもデータは支持しており, 自知条件よりも相

互条件で援助傾向が高い.

　このように，社会的アイデンティティ理論が主張するように自分が相手を知っているだけでも援助傾向は高まるし，また互酬仮説が主張するように，お互いに相手を仲間と認めることで援助傾向は高まる．互酬仮説に従えば，内集団ひいきは「困ったときには相手も自分を助けてくれる」という期待が必要だが，この実験のデータはそうした期待が生じない場面でも，自分が相手を仲間であると認識するだけで援助する傾向が高まることを示している．このような結果は，他の実験室実験でも示されている（Stroebe 2005；横田・結城 2009）.

5.　一般交換の枠としてのファン

　冒頭でも述べたように，プロ野球のファンであることは単に個人的な好みの表明ではない．ある球団を愛することは，それ自体極めて社会的な営みである．広島にはカープ鳥という焼き鳥屋があるが，ここでのメニューには全て選手の名前がついており，シーズン中は試合の中継を楽しむこともできる（もちろん楽しむことができるのはカープファンだけだが）．ちょっとした小さな居酒屋に入ると当然のようにカープの中継が流れており，店主と客が試合についてああでもないこうでもないと言いながら酒を飲んでいる．日常的にカープを介した相互作用が存在し，本来共通点のない人々の凝集性を高める役割を果たしている.

　あるチームのファンであることは，ファンとしての社会的アイデンティティを獲得しているということであり，そこには相互扶助のネットワークが存在するということを意味する．こうした相互扶助のネットワークを一般交換（generalized exchange）と言う（Ekeh 1974）．一般交換とは，特定の者との金銭や社会的資源のやり取りである限定交換（restricted exchange）と異なり，あるネットワークに存在する者の間で，人を区別せずに援助しあう関係のことを意味する．そのネットワークはふるさとであったり，国であったり，同好のサークルであったりする．「交換」とは単に物や金だけではなく，あらゆる資源のやり取りを含む社会的交換のことを意味する．自分がある人

に対して親切にしたら，あるとき自分が困っていたらその人から助けてもらったといったエピソードも，「親切」の交換と考える．

　野球チームのファンもおそらくその一般交換の枠として機能しているのだろう．一般交換では基本的に援助した相手からの直接の返報は期待できないため，援助対象となっている者が自分のことを知っている必要はない．「情けは人のためならず」で，自分が誰かにした親切はいずれ同じ枠内の他者から報われる．チャリティーの存在や，見返りを求めない親切行為などの例を見ると，こうした一般交換は実際には存在しているが，理論的になぜこうした交換が成立可能なのかは未だに社会科学における大きな謎である．

　ここで扱ったファン同士の助け合いは確かに福音だが，それは他のチームのファンとの葛藤を生み出す原因にもなる．スポーツファンによる暴動など，アツくなりがちな場面ではファンの凝集性（一体感）がもたらすネガティブな側面が，悲惨な事故につながることも忘れてはならない．凝集性が高いことはその枠内での援助を促進するが，ライバルチームのファンを敵対視することにもつながってしまう．このように，集団内で協力しあうことのメリットは，常に集団間の葛藤によるデメリットのチャレンジを受けていると言ってよいだろう．ファンどうしの援助行動と異なるチームのファン同士の葛藤の両方を包括的に扱える理論の登場が待たれる．

参考文献

清成透子（2002），「一般交換システムに対する期待と内集団ひいき——閉ざされた互酬性の期待に関する実験研究」『心理学研究』第73巻1号，1-9頁．

神信人・山岸俊男（1997），「社会的ジレンマにおける集団協力ヒューリスティクスの効果」『社会心理学研究』第12巻3号，190-198頁．

神信人・山岸俊男・清成透子（1996），「双方向依存性と"最小条件集団パラダイム"」『心理学研究』第67巻2号，77-85頁．

中川裕美・横田晋大・中西大輔（2015），「実在集団を用いた社会的アイデンティティ理論および閉ざされた一般互酬仮説の妥当性の検討——広島東洋カープファンを対象とした場面想定法実験」『社会心理学研究』第30巻3号，153-163頁．

横田晋大・結城雅樹（2009），「外集団脅威と集団内相互依存性——内集団ひいきの生起過程の多重性」『心理学研究』第80巻3号，246-251頁．

Brewer, Marilynn B.（1979），"In-group Bias in the Minimal Intergroup Situation: A

Cognitive-motivational Analysis," *Psychological Bulletin*, Vol. 86(2), pp. 307-324.

Ekeh, Peter P. (1974), *Social Exchange Theory: The Two Traditions*, Cambridge, MA: Harvard University Press.

Levine, Mark, Amy Prosser, David Evans, and Stephen Reicher (2005), "Identity and Emergency Intervention: How Social Group Membership and Inclusiveness of Group Boundaries Shape Helping Behavior," *Personality and Social Psychology Bulletin*, Vol. 31(4), pp. 443-453.

Platow, Michael J., Maria Durante, Naeidra Williams, Matthew Garrett, Jarrod Walshe, Steven Cincotta, George Lianos, and Ayla Barutchu (1999), "The Contribution of Sport Fan Social Identity to the Production of Prosocial Behavior," *Group Dynamics: Theory, Research, and Practice*, Vol. 3(2), pp. 161-169.

Sherif, Muzafer, O. J. Harvey, B. Jack White, William R. Hood, and Carolyn W. Sherif (1961), *Intergroup Conflict and Cooperation: The Robbers Cave Experiment*, Norman: University of Oklahoma Book Exchange.

Stroebe, Katherine, Hein F. M. Lodewijkx, and Russell Spears (2005), "Do Unto Others as They Do Unto You: Reciprocity and Social Identification as Determinants of Ingroup Favoritism," *Personality and Social Psychology Bulletin*, Vol. 31(6), pp. 831-845.

Tajfel, Henri (1970), "Experiments in Intergroup Discrimination," *Scientific American*, Vol. 223(5), pp. 96-102.

Tajfel, Henri, M. G. Billig, R. P. Bundy, and Claude Flament (1971), "Social Categorization and Intergroup Behaviour," *European Journal of Social Psychology*, Vol. 1(2), pp. 149-178.

第 III 部

球団を運営する

──マネジメントの視点──

第6章

プロ野球選手のたどる道
── 統計からみる選手人生

戸　石　七　生

1. 「彼」はプロ野球選手になるべきか

1.1　静かに熱狂する人のために

プロ野球ファンは何に熱狂するのだろうか．贔屓球団の勝敗か，あるいはスター選手の動向か．だが，露出の多い少数のトップ選手を除いて，多くの選手の動向は，マスコミによって報道はされない．

NPB（日本野球機構）という産業を支える数多くの選手の動向を知るには，断片的な成績を見るしかない．昨年（2015 年）のドラフトで指名された選手は 116 人（うち育成選手 28 人）だが，当然，アマチュア時代から選手を応援しているファンにとっては，ドラフト上位指名だけではなく，その他大勢である下位指名の選手のその後も気になるところであろう．応援していた高校／大学／社会人の選手はどれだけ野球を続けられるのか？ 下位指名であればアマチュア野球界に残った方がよかったのではないか？ そんな思いを抱く人も多いのではないか．

アマチュア時代から応援している「彼」の成績はどうやって評価すればいいのか？「彼」は順調にキャリアを積み上げているのか？「彼」は出世頭とまではいかなくても，オフに首になったら別のチームが引き取ってくれるだけの成績を残しているか？

本章は広島東洋カープ（以下，「広島」とする）と広島アマチュア野球出

身の選手を応援する広島出身の筆者が，贔屓球団やスター選手だけではなく，お気に入りの選手の動向に一喜一憂しながら人知れずプロ野球に静かに熱狂するファンのために，寿命というある種の「ものさし」を提供するために執筆したものである．

　多くの図表とその解釈が中心の文章なので，通読よりもまず，あなたの「彼」に関する図表を探し，その解釈を拾い読みするという読み方をお薦めする．広島や広島アマチュア野球出身選手についての筆者のぼやきについては，各ページの注をご覧いただければ幸いである．なお，本章に似た研究としては，『プロ野球の経済学』（樋口美雄編）という書籍が，さらに同名の『プロ野球の経済学』（橘木俊詔）というものが出ている．樋口のものは，データが20年前以上の1993年のものであるので，選手の年俸など比較してみるのも楽しいだろう．

　プロ野球選手にとって，なぜ寿命が重要なのだろうか．それは，まさに彼らがアマチュアではなく，プロだからである．アマチュアなら1試合に己の全てをかけて完全燃焼するという美学もあるかもしれない．だが，プロ入りしたからにはノーヒットノーランやサイクルヒットが達成できれば1年だけの選手生活でもよいという選手はいないであろう．「プロ野球」を職業とするにはキャリアにある程度の長さが必要だ．そもそもプロ野球選手はどのくらい続けられる職業なのだろうか？　プロ野球選手が長くは続けられない職業であることを知る人は多くても，何歳で引退するのかを知る人は少ない．収入ももちろん重要である．プロ野球選手はどのくらい稼いでいるのだろうか？

　また，戦力外のリスク要因のうち，選手側でわずかながらコントロールできるものがいくつかある．大きなものでは，球団選択，プロ入りのタイミングが挙げられる．例えば，高卒の指名を拒否し，大卒で入った成功例としてはルーキーイヤーから9勝を挙げ，広島東洋カープのローテーションに定着した福井優也投手などはその典型だろう．福井投手は巨人にドラフト4位で指名された2005年にプロ入りを拒否し，1年の浪人期間を経て早稲田大学に入学し，大学卒業時には見事1位指名を勝ち取った．「高校生ドラフトの他に，大学・社会人ドラフトもあって．そう考えると，自分は巨人の新人で

十何番目かなと，不安になったというか，自信がなくなりました」と福井投手は『朝日新聞』のインタビューでドラフト拒否の原因について語っている[1]．福井投手の場合は（甲子園優勝投手というネームバリューにもかかわらず）高卒でなく，大卒でプロ入りしたことが吉と出たが，果たして他の選手には，どの程度先送りによる戦力外リスク回避が可能なのだろうか．

1.2　ドラフト指名された大半の選手が辿る道

「彼」はどんな選手人生を送るのだろうか？ それは，ドラフト指名の時点で，ポジションによってかなり異なってくる．なぜなら，ドラフト上位で指名される選手のほとんど，特に 1 位は投手だからである．もし「彼」が野手なのに上位で指名されたのであれば，それは相当球団に期待されているということである．ひょっとしたら，坂本勇人（巨人，2006 年 1 位指名）や山田哲人（ヤクルト，2010 年 1 位指名）のように，大スターになれるかもしれない．

「彼」はどのくらいチャンスを与えられるのだろうか？ もし「彼」が二軍で選手生活をスタートしたら，一軍に上がるのにも大変な努力がいる．プロ野球選手の約半数が，一軍昇格を虎視眈々と狙うライバルである．だがもし「彼」がドラフト 1 位であれば，日数にして 300〜450 日近くは 2 位以下の選手に比べて長く一軍においてもらえる，つまり，余計にチャンスがもらえる．逆に，「彼」がドラフト 6 位以下だったら，通算 3 シーズン以上を一軍で過ごすのはとても困難である．

年俸はどうだろうか．もし「彼」の年俸が 800 万円未満の場合，28 歳までに一軍にコンスタントに昇格できるようにならなければ解雇される．「彼」の年俸が 800〜3,600 万円の場合，つまり一軍半レベルか一軍の控えレベルの選手であれば，35 歳までに他の選手から出場機会を奪って，2〜3 年続けてそのポジションにおける球界トップクラス，もしくは球界トップクラスに近い数字を残し続けなければならない．それができなければ，引退が待って

---

1)　「福井優也（プロ野球・広島）　運命感じた巨人戦」『朝日新聞 DIGITAL』2011 年 4 月 26 日．http://www.asahi.com/special/plus/TKY201104260313.html（2016 年 4 月 28 日閲覧）．

いる．そしてもし，「彼」が 36 歳でシーズンの大半を一軍で過ごせる身分なら，彼は FA 権を取得し，球界を代表するスターかチームの看板選手のどちらかであり，NPB プロ野球選手として「見るべきものを見た」と言えるだろう．そのような幸せ者は毎年プロ野球に参入する選手の 10% に満たない．

　さて，マスコミ報道されていない「彼」の姿が少しはリアルに見えてきただろうか．

1.3　使用するデータと手法

　近年，インターネットやセイバーメトリクスの普及と共に，スター選手の動向だけではなく，データを分析的に楽しむプロ野球ファンが増加した．データベースを閲覧できるウェブサイトの存在は，そのような傾向の一つの証明だろう．誰でも手に入るデータを使い，シンプルな統計学的分析をすることで，この節の冒頭で提示した疑問点にどれだけ答えられるかを試すことも本章の目的の一つである．

　そのため，本章では選手データ，特に日本人選手データを中心に分析結果を詳しく見ることにする．分析に使用した基本的なデータベースは FA カウンター，プロ野球編成情報局の 2 つのウェブサイトより作成し，随時必要に応じて資料をスポーツ新聞等のソースから補完した[2]．データは特に断りのない限り，2015 年のものである．また，本章の図表については特に断りのない限り，出所を上記の 2 つのウェブサイトとする．

　以下，第 2 節では，外国人選手と育成選手を含めてどのような選手がNPB を構成しているのか，第 3 節からは支配下登録の日本人選手に限り，年齢，ポジション，アマチュア野球最終球歴，一軍登録日数について，どのような選手がどのようなキャリアを積み上げているのかについて詳しく分析する．第 4 節ではチーム選択とアマチュア最終球歴といった選手側でコントロールできるリスク要因が，どのように選手のライフコースに影響するのか

---

2)　選手の基本情報及び「プロ野球 FA カウンター」http://facounter.web.fc2.com/（2016 年 4 月 28 日閲覧），「プロ野球編成情報局」http://t-la.com/2015（2016 年 4 月28 日閲覧），戦力外に関するデータは「2015 年シーズンの「戦力外通告」が終了　12球団総勢 104 名が自由契約」2015 年 11 月 4 日．http://baseballking.jp/ns/52295（2016 年 4 月 28 日閲覧）による．

を，多項ロジットモデルを使って明らかにする．

2. NPB にはどんな選手がいるのか？

そもそも，NPB にはどんな選手がいるのか？ どのポジションに，何歳の選手が何人いて，いくらぐらい稼いでいるのだろうか．あなたの応援する「彼」はありふれた選手生活をおくっているのだろうか，それとも珍しい部類に入るのだろうか．

まず，NPB 全体の傾向を確認するために，外国人選手を含めた統計をみることにする．2015 年に NPB に一度でも在籍した選手は，計 894 人である[3]．そのうち，支配下登録選手は 826 人，支配下登録に入らない育成契約の選手は 68 人である[4]．支配下登録選手のうち，日本人は 743 人，外国人選手は 83 人である．支配下登録選手，育成選手それぞれの内訳を 12 球団でみたものが表 6-1-1，表 6-1-2 である．育成選手は，ソフトバンクと巨人に所属する選手の多さがそれぞれ 20 人，12 人と際立っている．

ポジション別にみると，まず，投手については日本人／外国人，支配下／育成いずれの枠でみてもそれぞれの枠の半数もしくは半数以上を占めており，枠による違いが見られない．一方，野手については際立った特徴が見られる．まず，内野手・外野手であるが，外国人選手はその合計数が支配下の選手では投手に匹敵するにもかかわらず，育成では 1 人もいない．捕手については，支配下の 79 人という他のポジションに比べて際立って少ない数が目立つ．そして，そのすべてが日本人である．一方，日本人の育成選手を見ると，捕手は合計 11 人と内野手や外野手に比べても遜色のない人数である．

以上のことから，統計からはポジション別の選手の属性について，次のことが言える．球団は，投手については選手の国籍や文化的バックグラウンドに関わらず，あらゆる手段によって数多くの選手を獲得しようとしている．逆に，野手については国籍や文化的バックグラウンドにおける選好がはっき

---

3)　シーズン途中で契約を解除された横浜のグリエル，死球の影響によりシーズン途中で引退したオリックスの丸毛謙一らも含む．
4)　2015 年度は日本ハムとロッテは育成制度を利用していない．

表6-1-1　2015年度支配下登録選手数

球　団	日本人選手					外国人選手					総計
	投手	捕手	内野手	外野手	日本人計	投手	捕手	内野手	外野手	外国人計	
ソフトバンク	31	7	12	12	62	5	0	2	0	7	69
日本ハム	32	9	11	10	62	4	0	1	1	6	68
ロッテ	30	7	15	8	60	4	0	1	2	7	67
西　武	29	7	14	12	62	4	0	2	0	6	68
楽　天	31	6	13	14	64	3	0	2	2	7	71
オリックス	33	5	14	10	62	4	0	4	1	9	71
ヤクルト	33	7	13	9	62	3	0	0	3	6	68
巨　人	29	6	14	13	62	4	0	1	3	8	70
阪　神	30	7	14	12	63	3	0	1	2	6	69
広　島	28	6	14	14	62	3	0	2	2	7	69
中　日	31	7	13	11	62	4	0	2	1	7	69
横　浜	31	5	13	11	60	3	0	4	0	7	67
総　計	368	79	160	136	743	44	0	21	17	83	826

表6-1-2　2015年度育成選手数

球　団	日本人選手					外国人選手					総計
	投手	捕手	内野手	外野手	日本人計	投手	捕手	内野手	外野手	外国人計	
ソフトバンク	10	2	5	3	20	0	0	0	0	0	20
日本ハム	0	0	0	0	0	0	0	0	0	0	0
ロッテ	0	0	0	0	0	0	0	0	0	0	0
西　武	1	0	0	1	2	0	0	0	0	0	2
楽　天	1	1	1	0	3	0	0	0	0	0	3
オリックス	2	1	1	3	7	0	1	0	0	1	8
ヤクルト	3	0	0	0	3	0	0	0	0	0	3
巨　人	5	2	1	4	12	1	0	0	0	1	13
阪　神	2	1	0	0	3	0	0	0	0	0	3
広　島	2	2	1	1	6	1	0	0	0	1	7
中　日	3	1	1	1	6	1	0	0	0	1	7
横　浜	1	1	0	0	2	0	0	0	0	0	2
総　計	30	11	10	13	64	3	1	0	0	4	68

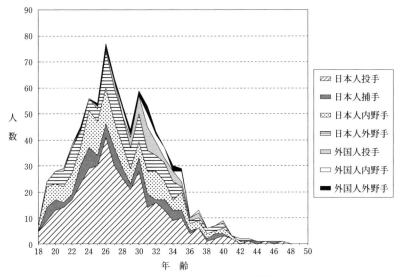

図 6-1　ポジション別・年齢別支配下登録選手数（全球団）

りしている．特に，捕手は専門性が高くかつ個人のスキル習熟度に依存する
度合いが強く，他のポジションからの転向が難しいので，支配下登録されて
いる一軍レベルの外国人選手は 1 人もおらず，育成選手は 1 人である．内野
手・外野手については，逆に外国人の育成選手は皆無で，一軍レベルの即戦
力であることが求められるポジションである．プロ野球選手がいれば 2 人に
1 人は投手であり，最もチャンスが多いが，最も競争の激しいポジションで
ある．

　それでは，支配下登録選手の各ポジションの年齢について見てみよう（図
6-1）．日本人選手について，ポジション別に最も層の厚い年齢を見ると，投
手は 26 歳（41 人），捕手は 24 歳（8 人），内野手は 24 歳または 26 歳（14
人），外野手は 26 歳（14 人）となる．いずれも 25 歳前後である．もし，
「彼」がこの年齢層であれば，「彼」は比較的ありふれた選手であると言える
だろう．だが，この年齢層を過ぎると，選手の数は急激に減っていく．特に，
投手にとっては大きな試練が待ち構えている．グラフを見れば一目瞭然であ
るが，29 歳と，31 歳のタイミングで，同年齢の脂の乗り切った即戦力の外
国人投手が NPB に加入し，彼らとの競争にさらされるからだ．そのような

外国人投手には，後述のように外国から日本への移住の誘因となるだけの多額の年俸が支払われる（2015 年に支配下登録された外国人投手の平均年俸は 8,022 万円）ので，球団も投資の回収という観点から優先して起用する．投手に比較して，外国人野手の NPB 加入のタイミングは比較的遅く，30 代前半が最も層の厚くなる年齢層である．4 つしかない一軍外国人登録枠の制約もあり，外国人野手の加入の影響は限定的であるため，日本人野手はまず他の日本人野手の競争に勝つことが先決であろう．つまり，「彼」の選手生活における厄年は投手なら 26 歳，29 歳，31 歳，捕手なら 24 歳，内野手か外野手なら 25 歳と 31 歳である．もし，「彼」がこれらの厄年を無事乗り越えたなら，あなたは一旦胸をなでおろすことができるだろう．ただし，読者が当然疑問を持つように，この分析結果においては選手の年齢以外の属性，例えば所属球団やアマチュアでの最終経歴，ドラフト順位などは考慮されていない．これらの属性を考慮した分析は第 3 節以降で行いたい．

3. 年俸・アマチュア最終球歴・ドラフト指名順位・一軍登録日数とプロ野球選手のライフコース

3.1　年　俸

　ここでは，収入の面からライフコースを見る．「彼」の年俸は他の選手に比べて多いのだろうか，少ないのだろうか．同じ年齢の選手はどのくらい貰っているのだろうか．前述のように，外国人選手は NPB への参入年齢が日本人選手と異なる．よって，ここからはプロ野球選手のライフコースを明らかにするという観点から，日本人選手かつ支配下登録選手の年俸の分析に絞ることにしたい．

　2015 年度の日本人選手の年俸は，最高が阿部慎之介（巨人）の 5 億 1,000 万円，最低が釜元豪（ソフトバンク）の 270 万円である．阿部の年俸は釜元 189 人分であり，NPB が格差社会であることは一目瞭然である．では，NPB の格差（＝ばらつき）はどの程度なのだろうか．残り 741 人の選手のばらつきを知るために，四分位点を求めた（表 6-2-1）．四分位点とは，全体のうち下位 25% と上位 75%，下位 50% と上位 50%，下位 75% と上位

表6-2-1　日本人支配下登録選手年俸四分位点

	年俸 (万円)
最下位	270
25%	800
50%	1,500
100%	3,600
最上位	51,000

表6-2-2　日本人支配下登録選手累積年俸比率

累積年俸比率	選手数 (人)	選手数比率 (%)	最低年俸 (万円)	最高年俸 (万円)
25%	551	74.2	270	3,500
50%	124	16.7	3,500	9,500
75%	48	6.5	9,500	22,000
100%	20	2.7	22,000	51,000
総計／全体	743	100	270	51,000

25% をちょうど分ける点に位置するデータのことである．表6-2-1を見ると，下位25% の選手の年俸は800万以下，その上の25% の選手は800〜1,500万円，さらにその上の25% が1,500〜3,600万円の間に集中していることが判明した．3,600万円以上の年俸をもらっているのは，全選手のわずか4分の1に過ぎない．

　だが，契約更改でニュースを賑わすのはもっぱら3,600万円以上の年俸を貰っている選手である．したがって，高額年俸選手も分析をするために，上位の選手の年俸だけで全日本人支配下登録選手の年俸のうちどの程度を占めているかを確認した（表6-2-2）．その結果，日本人支配下登録選手年俸総額のうち，年俸2億2,000万円以上の上位2.7% の選手の年俸が25%，年俸9,500万円以上の上位9.2% の選手の年俸が50% を占めていることが分かった．さらに3,500万円以上年俸の選手を加えると，全選手のうち上位25.8% が12球団の年俸総額の75% を占めていることになる．逆に言えば，約75% にあたる選手551人が総年俸の25% をめぐって熾烈な争いをしているのがNPB の構図なのである．

　さらに2015年の野球協約を見ると，年俸1,430万円以下の選手を一軍に登録した場合，球団はその選手の年俸と1,430万円の差額の150分の1を一

軍に登録された日数分だけ支払わなければならない．要するに，年俸 1,430
万円以下の選手は一軍レベルの戦力として評価を受けていないということで
ある．年俸が判明している 743 人の選手のうち，約半分にあたる 364 人の年
俸が 1,430 万円以下である．以上のことから，年俸を尺度に選手の評価を次
のように計ることができる．年俸 270～800 万円の選手であれば，2 軍で成
績を残そうとしているクラス，年俸 800～1,500 万円の選手は 2 軍でタイト
ルホルダーになるなどすでに成績を残し，一軍の出場機会を虎視眈々と狙う
いわゆる「一軍半」クラス，その上の年俸 1,500～3600 万の 25% は一つ下
のクラスに突き上げられながら，一軍のレギュラーの座を狙うクラス，
3,600～9,500 万円はレギュラーの座を手に入れたクラス，9,500～2 億 2,000
万円は怪我で休んでいても優先的に出場機会を与えられるチームの看板選手，
2 億 2,000 万円の選手が球界を代表するスタークラスと言えるだろう．あな
たの「彼」はどこに位置するだろうか．あなたはその年俸に納得しているだ
ろうか[5]．

　年齢別に選手の年俸を見ると（図 6-2-1），全体では 20 歳以下の選手の年
俸のほとんどが 800 万未満であり，このクラスの選手数のピークもこの年齢
層にある．これはつまり，10 代の選手，つまり高卒のほとんどがプロ入り
後 1～2 年は育成段階にあり，球団が投資を回収できていない状況にあると

---

5)　ちなみに，筆者は福井投手と同い年の広島県三原市出身の左腕，海田智行投手（賀
茂高—駒澤大—日本生命—オリックス）を応援しているが，彼が 2015 年に提示され
た年俸に納得していない．海田投手は 3 月末から 4 月にかけてオリックスのリリーフ
陣が総崩れする中で，19 試合に登板し，防御率 1.10 という好成績を残した．2015 年
シーズンの通算登板試合数は 48，防御率は 2.61 である．しかし，4 月末以降は，塚
原頌平投手（右投げ），白仁田寛和投手（右投げ）の方が優先して使われるようにな
り，海田投手はビハインドや緊急降板を受けての登板，しかもイニング途中の登板か
つ回またぎが多い消耗の激しい形の起用が多かった．にもかかわらず海田投手の増額
分は 700 万円と少なく，年俸は 2,500 万円であった．海田投手が契約更改の場で何を
言われたのかは知る由もないが，塚原投手（1,000 万円増の 1,700 万円），白仁田投
手（900 万円増の 1,650 万円）に比べてアップ幅を抑え，3 人の年俸の差を縮めるこ
とで，オリックスは海田投手に取り換えのきくリリーフ投手の一人であるというメッ
セージを送ったのであろう．過去に河内貴哉，菊地原毅，久本祐一と何人もの怪我人
ベテラン左腕をつなぎとめるために，育成契約を結ばなければならなかったほど左腕
日照りの球団のファンとしては，オリックスは実に贅沢な選手の使い方をすると驚き
羨むばかりである．

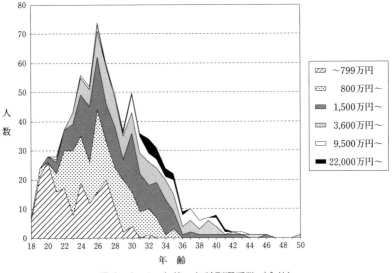

図6-2-1　年俸・年齢別選手数（全体）

いうことだろう．20歳を過ぎると，徐々に一軍の出場機会を狙う年俸800〜
1,500万円のクラスの選手が増え，22歳の段階で大卒選手の参入でこの年齢
層は一気に厚みを増す．一軍のベンチやブルペンをあたためつつ，レギュラ
ーを狙う1,500〜3,500万円が増え始め，レギュラークラスの年俸の選手が
現れ始めるのも22歳である．23歳で800万円未満の年俸の選手数が大きく
減った後，24歳で再び増えているのは，高卒の選手が解雇された後，大卒
で一軍での競争に負けた選手がこのクラスに落ちてくるのが理由であると考
えられる．このクラスの選手数の25歳の落ち込みは同じく社会人卒選手と
高卒・大卒選手との競争によるものであろう．だが，800万円未満の選手，
つまり二軍で安定してトップクラスの成績が残せず，一軍に昇格する見込み
のない選手は，27歳で大きく数を減らしている．つまり，球団が二軍レベ
ルの選手を解雇する一つの目途が28歳に達しているか否かということであ
ろう．

　29歳までに年俸800万円未満の選手は淘汰されるから，これ以上の年齢
の選手は，一軍半クラス，一軍の控えクラス，レギュラークラス，球団の看
板選手クラスと，スター選手クラスで構成されることになる．29〜31歳は

プロ野球選手にとって体力のピークは過ぎつつあるものの，練習で向上した技術と試合で積み重ねた経験の相乗効果によってパフォーマンスが頂点に達するいわゆる「脂の乗り切った」年齢と言えるだろう．ここで，チームの看板クラスである年俸9,500万以上のクラスが一定の厚みを持った層として出現する．

　さらに，それを過ぎると，年俸2億2,000万以上の球界のスター層が出現するが，30代後半にはほぼ一掃されてしまう．齢40歳にして6億円プレイヤーとなった黒田博樹投手のような例外を除き，選手が35歳を過ぎると，怪我・体力の衰えによる引退のリスクが高くなるので，球団の方にNPBトップクラスの高額契約を結ぶインセンティブがなくなるということだろう．年俸800〜1,500万円の層，つまり一軍半の選手も36歳までに淘汰される．若手に一軍昇格争いで勝つ確率が0になる年齢が36歳ということである．年俸1,500〜3,600万円の一軍の控えクラスの選手も，36歳でほぼ全滅する．このクラスの選手が29歳で減って30代でまた増加することを考えると，一度レギュラーに定着したが，怪我や成績不振でライバルに出場機会を奪われた選手たちがここに含まれているのだろう．

　36歳以上はレギュラーと球団の看板選手，そして訳あって自由契約になり，3,600万円以下の格安価格で他球団に拾われたスター選手（中村紀洋や石井琢朗，新井貴裕など）のみが生存を許される世界となる．つまり，レギュラーでもスターでもない35歳過ぎの選手は，より若い選手に必ず出場機会を譲らなくてはならないということである．逆に言えば，36歳で一軍に定着している選手には，競争によって脅かすより上の立場の選手がいない．要するにすごろくで言えば「あがり」を意味する．もしも，あなたの応援する「彼」が36歳を過ぎて一軍でシーズンの大半を過ごしていたなら，NPB出世スゴロクというゲームを「彼」は終えたのであり，以後の現役生活はプロ野球選手としてはおまけの「余生」である．それまでの絶え間ない出場機会をめぐる熾烈な競争を勝ち抜いた「彼」に心から拍手を送ってほしい．

　ポジション別に見ると（図6-2-2），投手は全体と傾向が似ているが，30歳から31歳にかけての落ち込みが全体より激しい．また，捕手は20代後半の選手で年俸800万円未満のクラスの選手が多いのが目を惹く．捕手は調子

(1) 投 手

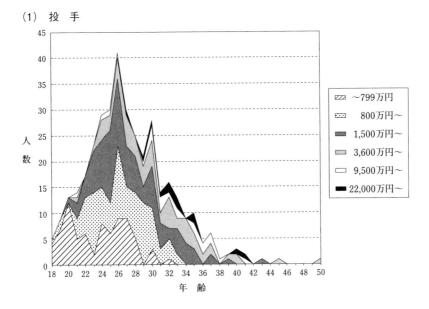

(2) 外野手

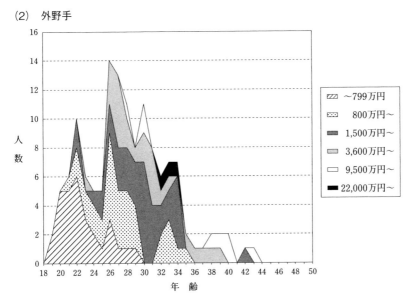

図6-2-2 年俸・年齢別選手数

(3)　内野手

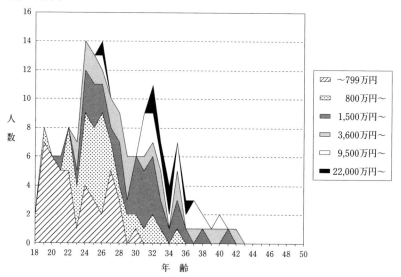

(4)　捕　手

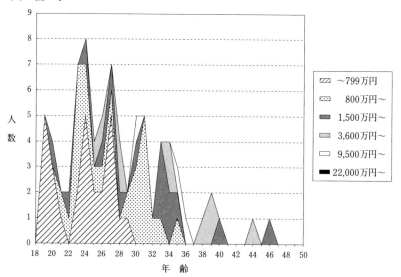

（図 6 - 2 - 2）

の波による入れ替えが少ないポジションであるため，二軍と一軍の間に大き
な壁があるからであろう．また，30歳の選手層が内野手を除く全てのポジ
ションで29歳の選手層より厚いのが目を引く．1985年は能力の高い選手が
多い年だったのか，それとも2006年の育成制度創設と2007年の分離ドラフ
ト制度廃止，球団によるアマチュア選手に対する利益供与の規制強化といっ
た制度変更の恩恵を受けているのか．解明は今後の課題となろう．

3.2　アマチュア最終球歴

　次に，NPB選手のアマチュアの最終球歴を見てみよう．厳密には独立リ
ーグの選手などはアマチュアと呼ぶことはできないが，本章では分析の都合
上NPB以外のプロ野球も「アマチュア球歴」に含める．まず全体の傾向を
見ると（表6-3），4割が高卒であり，3割が大卒，2割5分が社会人卒，そ
して残りわずかをプロ経由の選手が占めている．さらにポジション別にみる
と，全体では高卒でドラフト指名され入団する選手が最も多く，他のポジシ
ョンの半分近くを高卒が占めている中，投手のみ32％と少ない．逆に社会
人卒選手については，他のポジションが20％を切っているのに対し，投手
では33％と比率が高い．ポジション柄，より強く即戦力としての性質が要

表6-3　ポジション・アマチュア最終球歴別選手数

| | 選　　手　　数 | | | | |
	投　手	外野手	内野手	捕　手	計
高　卒	116	67	81	38	302
大　卒	117	41	50	27	235
社会人卒	122	26	25	10	183
プロ経由	13	2	4	4	23
総　計	368	136	160	79	743

| | 比　　率 | | | | |
	投　手	外野手	内野手	捕　手	計
高　卒	32％	49％	51％	48％	41％
大　卒	32％	30％	31％	34％	32％
社会人卒	33％	19％	16％	13％	25％
プロ経由	4％	1％	3％	5％	3％
総　計	100％	100％	100％	100％	100％

求されるためかもしれない.

次に,年齢別選手数をみると(図6-3-1),高卒選手が減り始めるのは20歳からである.20歳でドラフト解禁になる高卒社会人選手と,支配下登録された高卒育成選手と入れ替えに解雇された選手が減少分になるのだろう.22歳で大きく減少するのは大卒選手との入れ替えのためと考えられるが,23～24歳で再び増加するのは,年別の指名人数の変動の影響及び高卒の育成選手の支配下登録によるものかもしれない(23～24歳の支配下登録の元育成選手は7人).社会人卒選手については,意外にも参入のピークは大卒社会人のドラフト指名が解禁になる24歳ではなく,26歳であった.24歳から数を減らし始めていた高卒・大卒は,社会人卒選手の加入のインパクトで27～29歳の間急激に減少する.年俸の分析ですでに明らかにしたように,29歳で淘汰されるのは年俸800万円未満の選手であるので,解雇されたほとんどの選手が高卒・大卒選手のうち二軍で実績が残せなかったものであろう.

29歳では,社会人卒の選手数は高卒・大卒を逆転し,最多となるが,32歳で高卒・大卒の選手数を再び下回るまでに激減する.社会人卒の方が他のグループより早く結果を求められるということだろうか.投手の指名が多いことと関係があるのかもしれない.36歳以上の看板選手と球界のスターしかいない年齢層に至って,アマチュア球歴による差は最終的に消滅するが,32～35歳までの減少傾向を見ると,大卒と社会人卒が似たような傾向を示すのに対し,高卒は他のグループより1～2歳早く減少が終わるようである.この年齢層の選手の年俸を細かく見ると,レギュラー以上の年俸3,600万円以上の選手の割合が,高卒約4割(31人中12人),大卒約6割(44人中26人),社会人卒約4割(31人中13人)と大卒が際立って大きい.それでも,高卒選手の引退が社会人卒選手より早いのは,レギュラーに定着できなかった選手のプロ通算年数が大卒選手や社会人卒選手より長いためであろうか.プロについては,参入年齢にばらつきがあるが,年齢という観点から見た選手数の減少傾向については,他のアマチュア球歴とそれほど違わない.そもそも全体数がごく僅かなので,他のグループに与える影響もそれほど大きくないと考えられる.

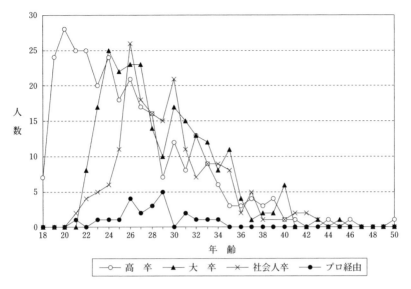

図 6 - 3 - 1　年齢・アマチュア最終球歴別選手数（全体）

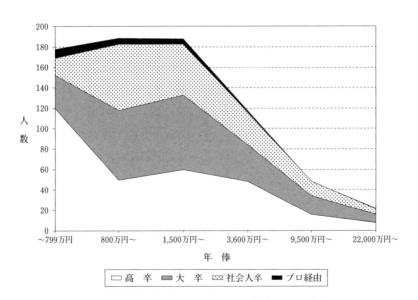

図 6 - 3 - 2　年俸・アマチュア最終球歴別選手数

　次に，アマチュア経歴と年俸の関係を見てみよう（図 6-3-2）．まず分か
るのは，年俸 800 万円未満の 2 軍の出場機会を争うクラスの選手の 7 割近く
が高卒だということである．年俸 800〜1,500 万円及び 1,500〜3,600 万円の
一軍半〜一軍の控えクラスの選手については，ほぼ高卒：大卒：社会人卒の
比は等しくなる．年俸 3,600〜9,500 万円のレギュラー選手については，や
や高卒の比率が高くなるが，年俸 9,500 万円以上の選手になると再び高卒：
大卒：社会人卒の比が等しくなり，アマチュア最終球歴による差は見られな
くなる．全選手の 4 割が高卒であることを考えると，高卒選手が高額の年俸
を手にする確率は低く，逆に社会人卒が全選手の 2 割 5 分であることを考え
ると，社会人卒選手は高額年俸を手にする確率が高いと言えよう．

3.3　ドラフト指名順位別選手数

　ここでは，ドラフト指名順位（以下「ドラフト順位」とする）という観点
から選手を分析する[6]．まず，全体を見ると，ドラフト指名順位が 1 位の選
手が最も多い．ドラフト 1 位の選手は高い能力の選手が多く，また球団にと
っても大事なスター候補なので優先的に出場機会を与えられると言ってしま
えばそれまでだが，ポジション別に見ると，大きな偏りがある．特に，投手
についてはドラフト 1 位が全投手の 3 割近くを占めているが，ドラフト 1 位
の野手における比率はそれほど高くない．つまり，投手の場合はドラフト上
位で指名されやすいと言えるが，ドラフト上位で指名された野手が解雇され
た可能性も捨てきれない．

　よって，解雇のほとんどない入団して 3 年までの選手について見ることに
した．結果，ここ 3 年でドラフト 1 位指名された選手で NPB に在籍中の 39
人中 30 人が投手であることが分かった．つまり，年度によるポジションの
偏りを考慮してもドラフト上位の圧倒的多数は投手であると言えるだろう．
さらに，プロ入り 3 年目までの生存率はドラフト 1 位から 5 位までほとんど
変わらないことが分かった．6 位以下の人数が極端に減るのは，この順位で

---

6)　松元ユウイチ（ヤクルト）は外国人選手として NPB に参入したため，判断が難し
　いケースであるが，日本に帰化したため，ドラフト指名経験がなくても日本人選手と
　して扱うこととした．

指名を打ち切る球団があるからだろう.

　次に，解雇の影響を見るために，2015年度の全支配下登録日本人選手を，プロ入り3年目までの全支配下登録日本人選手と各ドラフト順位の比率で比べた（表6-4-1）. ドラフト1位の全体に占める割合22.7％は他の順位に比べやはり高い. だが，その他の順位について言えば，2015年度の全支配下登録日本人選手も，プロ入り3年目までの全支配下登録日本人選手も，ドラフト2〜5位まではそれほど大きな差がないのも事実である. 野手については，ドラフト3〜5位の選手の層が厚い. これは，やはり野手の指名は3位以下が多いことによるものであろう. 逆に，あなたの「彼」が野手でドラフト1位か2位であれば，非常に高く評価されていることになる.

　また，表6-4-2の数値を2012〜2014年のドラフト指名人数の近似値とし，3か年の平均で計算すると，投手は11.8％，内野手は9.3％，捕手は10.1％と毎年現有戦力の10％程度が補充されている. それに対し，外野手は現有戦力の6.1％しか補充されていない. したがって，外野手は他のポジションと比べると競争は激しくないが，逆に，若手にしてみればレギュラーを奪うのが困難なポジションであると言えるのではないだろうか.

　図6-4-1で年齢別に見ると，ドラフト1位の層の厚さが目を惹くが，他の順位もそれほど加齢による減少が顕著であるわけではない. ドラフト1位の選手数が25歳でいったん落ち込んでいるのは，素材型の選手を採った選手が解雇されたということだろうか. 30歳の選手が多いのは他のところでも述べた通りである. 30〜35歳の年齢層については，自由／希望枠の選手を実質的なドラフト1位と考えると，4割程度をドラフト1位が占めることになり，ドラフト1位指名選手の優位性がうかがわれる. ただし，自由／希望枠の方がよりドラフト1位より解雇になりにくいと考えられるから，今後は30〜35歳の年齢層に占めるドラフト1位の比率は低くなるかもしれない. 36歳になるとあれだけ高かったドラフト1位の比率が落ち込み，他のドラフト順位と差がなくなる. 逆に言えば，ドラフト1位であることでアドバンテージが得られるのは35歳までということであろう. そして，ドラフト1位順位以外アドバンテージのない選手を35歳過ぎてまで雇うインセンティブが球団にはないということだろう.

表6-4-1　ドラフト指名順位別選手数と比率

	選　手　数					比　率 (%)				
	投　手	外野手	内野手	捕　手	総　計	投　手	外野手	内野手	捕　手	総　計
自由／希望枠	17	1	5	2	25	4.6	0.7	3.1	2.5	3.4
1位	103	29	26	11	169	28.0	21.3	16.3	13.9	22.7
2位	65	11	24	9	109	17.7	8.1	15.0	11.4	14.7
3位	45	23	39	17	124	12.2	16.9	24.4	21.5	16.7
4位	47	32	16	13	108	12.8	23.5	10.0	16.5	14.5
5位	36	16	25	9	86	9.8	11.8	15.6	11.4	11.6
6位	35	10	12	8	65	9.5	7.4	7.5	10.1	8.7
7位	12	6	9	4	31	3.3	4.4	5.6	5.1	4.2
8位	4	5	2	3	14	1.1	3.7	1.3	3.8	1.9
9位	4	2	0	1	7	1.1	1.5	0.0	1.3	0.9
10位	0	0	1	2	3	0.0	0.0	0.6	2.5	0.4
11位	0	0	1	0	1	0.0	0.0	0.6	0.0	0.1
その他	0	1	0	0	1	0.0	0.7	0.0	0.0	0.1
総　計	368	136	160	79	743	100	100	100	100	100

表6-4-2　2012〜2014年のドラフト指名順位別選手数と比率

ドラフト順位／ポジション・プロ年数別選手数	投　手（人）				外野手（人）			
	1年	2年	3年	計	1年	2年	3年	計
1位	9	10	10	29	1	0	1	2
2位	9	7	6	22	0	1	1	2
3位	4	5	5	14	4	1	1	6
4位	9	7	3	19	0	1	6	7
5位	5	8	6	19	0	2	0	2
6位	6	5	3	14	1	0	1	2
7位	1	3	3	7	2	1	0	3
8位	1	2	0	3	1	0	0	1
9位	2	1	0	3	0	0	0	0
総　計	46	48	36	130	9	6	10	25

ドラフト順位／ポジション・プロ年数別選手数	内野手（人）				捕　手（人）				総　計	
	1年	2年	3年	計	1年	2年	3年	計	選手数（人）	比　率（%）
1位	2	1	2	5	0	3	0	3	39	17.4
2位	1	4	3	8	2	1	0	3	35	15.6
3位	3	3	4	10	1	3	2	6	36	16.1
4位	1	2	0	3	1	1	3	5	34	15.2
5位	5	1	3	9	1	0	1	2	32	14.3
6位	1	2	2	5	0	2	0	2	23	10.3
7位	4	0	0	4	1	0	0	1	15	6.7
8位	1	0	0	1	0	1	0	1	6	2.7
9位	0	0	0	0	1	0	0	1	4	1.8
総　計	18	13	14	45	7	11	6	24	224	100

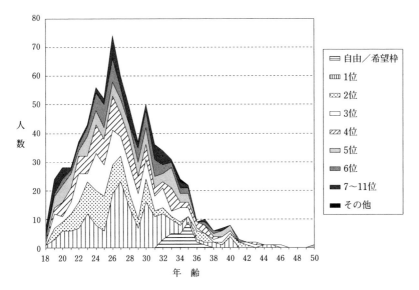

図6-4-1　ドラフト順位・年齢別選手数

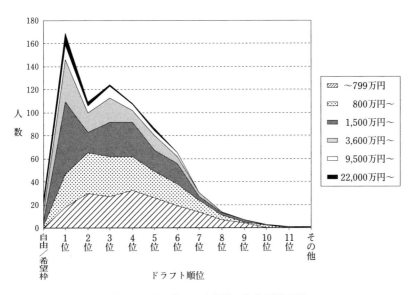

図6-4-2　ドラフト順位・年俸別選手数

図 6-4-2 で年俸とドラフト順位の関係を見ると，ドラフト 1 位は他の順位に比べ，年俸 1,500 万円以上の選手が多い．これはもちろん，大卒や社会人卒のドラフト 1 位指名選手の初年度の年俸の上限が 1,500 万円であることによるものであろう．2 位以下については，指名順位による年俸に大きな差はないと言える．

3.4　一軍登録日数

この節の最後では，一軍登録日数について分析する．なぜ一軍登録日数が重要なのか．読者諸賢はとうにお分かりのように，NPB は先発メンバーのみで全試合を戦うのではないからである．ベンチの控え選手は，監督やコーチの選手交代の選択を大きく制約するので，彼らがチームの戦術を左右するといっても言い過ぎではない．控えメンバーが左右するのは味方の戦略だけではない．NPB の試合ではメンバー票を交換するので，相手チームにもこちらの手駒をある程度計算して手を打ってくる．だから，左腕，右打ち，俊足，巧守など能力や希少価値のある選手はベンチにいるだけで相手にプレッシャーを与えることができる．出場はなくても，選手は一軍のベンチにいるだけで立派な戦力なのである．さらに，出場がなくても，試合出場に匹敵する負担がある選手もいる．特に，リリーフ投手は出場のない試合でも，ブルペンで準備をしている．最近，こうしたリリーフ投手の縁の下の力持ちとしての働きが評価される傾向にあるのは，筆者の喜びでもある．また，試合で出番があるかどうかは，レギュラー以外のメンバーにとっては，首脳陣との相性や試合の成り行きなど多分に運に左右されるが，一軍に登録されるかどうかは，練習や二軍のパフォーマンスも含めた選手の総合的な評価によって決まってくる．逆に，与えられた出場機会に結果を出し続けることができなければ，控え選手は必ず二軍に落とされるため，長い期間一軍にとどまり続けることはできない．一軍に登録されているということは，チームに必要な戦力とされている絶対的な証なのである．一軍に登録され続けていれば怪我でもない限り，その選手が首になることはない．よって，一軍登録日数は，プロ野球選手としての力を計る上で最も重要な指標であると言えよう．

さて，「彼」の登録日数は多いのだろうか，少ないのだろうか．まず，全

表6-5-1　一軍登録日数・ポジション別選手数

	選　手　数					比　率 (%)				
	投　手	外野手	内野手	捕　手	全　体	投　手	外野手	内野手	捕　手	全　体
一軍登録なし	33	12	18	8	71	9.0	8.8	11.3	10.1	9.6
1年未満	96	26	33	20	175	26.1	19.1	20.6	25.3	23.6
2年未満	62	12	17	10	101	16.8	8.8	10.6	12.7	13.6
3年未満	41	9	13	6	69	11.1	6.6	8.1	7.6	9.3
4年未満	40	15	11	7	73	10.9	11.0	6.9	8.9	9.8
5年未満	16	12	11	7	46	4.3	8.8	6.9	8.9	6.2
6年未満	16	12	5	3	36	4.3	8.8	3.1	3.8	4.8
7年未満	8	6	6	2	22	2.2	4.4	3.8	2.5	3.0
FA権保有	56	32	46	16	150	15.2	23.5	28.8	20.3	20.2
総　計	368	136	160	79	743	100	100	100	100	100

体を見ると（表6-5-1），一軍昇格が1日もない選手は全体の1割程度にあたる71人である．後述のように，そのうち約半数が体作り中の18〜19歳であり，20歳から激減する（図6-5）．よって，育成段階にある選手のほとんどが19〜20歳の間に一軍デビューを果たしていることになる．逆に考えれば，一軍に一度も昇格せずに選手生活を終える選手は，毎年ドラフトでNPBに補充される選手が80人程度と仮定すると，多くても全体の5%くらいなのではないか．最も多いのが，一軍登録日数が1年未満の選手であり，全体の約25%を占めている．裏を返せば，多くの選手はここまでは辿りつけるということだろう．次の階級の一軍登録日数が1年以上の選手となると，選手が一気に半減し，一軍登録日数が増えれば増えるほど，減少するというのが大まかな傾向である．FA権保有者[7]は150人おり，これは全体の約20%である．プロ野球選手の5人に1人はFA権保有者なのだ．ただし，これはスター選手のみ生存を許される36歳以上の選手も含めた数字である．それでは，「彼」はどの程度の確率で，FA権を取得できるのだろうか．プロ入りして18年以上のキャリアを持つ選手で，FA権を取得していないものは1人もいない．つまり，プロ野球選手のほとんどはFA権をプロ入り後17年間で取得し終えていることになる．プロ野球選手生活が17年以下の

---

7)　FA権を行使した後，二度目のFA資格をまだ得ていない選手も含んでいる．

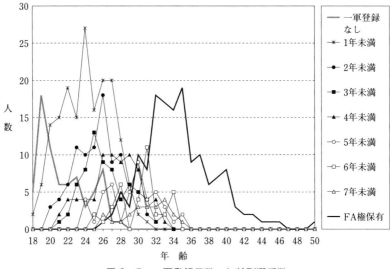

図6-5　一軍登録日数・年齢別選手数

FA権保有者は125人である．仮に毎年80人の選手がドラフト指名され，支配下登録されるとすると，プロ入り1〜17年目にあたるNPB支配下登録選手の理論的上限値は1,360人となるので，125人はそのうちの約9.2%にあたる．ドラフト順位等の影響を無視すれば，「彼」はプロに入った時点で約9.1%の確率でFA権を取得できるということである．当然これは，プロ入り17年目まで解雇されずに現役でいられる確率とほぼ等しい．

　年齢をさらに細かく見ると（図6-5），18〜19歳までは一軍登録が1日もない選手が最も多い．これは，先述したようにこの年齢層の選手は育成段階にあることを示しているのだろう．一軍登録が1日もない選手は，21歳でその数を大きく減らした後，30歳まで緩やかに減少していく．逆に，22歳以上で一軍登録が1日もないのに解雇されていないということは，何らかの特殊事情がある選手だとみていいだろう[8]．20〜28歳にかけて最も多いのが，

8)　このグループの選手については，シーズン末の消化試合が昇格の大きなチャンスとなる．しかし，2014年，2015年の広島のようにシーズン最終試合にならないと順位を確定できないチームの選手にとっては，CS（クライマックスシリーズ）争いが若手育成の障害となる．2016年5月31日プロ入り5年目にして初の一軍昇格・一軍試合出場を果たした土生翔平（広陵高—早稲田大—広島）なども，広島が一日でも早く

一軍登録日数 1 年未満の選手である．すでに図 6-2-1 で見たように，28 歳でほぼ絶滅する年俸 800 万未満の選手がこの層なのだろう．一軍登録日数が少ないと年俸も 800 万円をなかなか超えないから，一軍登録日数 1 年未満の選手は 28 歳まで生き延びられないということである．逆に，「彼」の一軍登録日数が 1 年以上を超えていたら，致命的な怪我でもない限り，ぐんと生存確率が高くなるということである．一軍登録日数が 2 年未満の選手は，22 歳から増え始め，26 歳で頂点に達する．26 歳は高卒ならプロ 8 年目，高卒社会人ならプロ 6 年目，大卒なら 4 年目，大卒社会人なら 1〜2 年目である．個々の選手のデータを見たところ，ほとんどが一軍半から一軍の控えクラスの年俸の選手であった．

　一軍登録日数が 3〜7 年未満の選手は，22 歳から 32 歳の間に集中している．一軍登録日数が多いグループほどピークが後ろにずれているのは，2 年の壁を超えた選手は，一軍に定着する可能性が劇的に高くなるということを意味していると思われる．もし，「彼」が大きな怪我なく一軍登録日数 190 日を超えたら，ファンとして一安心していいかもしれない．FA 権保有者は 32 歳から劇的に増える．36 歳から減少する理由は，他のところでも述べたように，加齢による選手数の減少である．

　次に，ポジション別に見ると（表 6-5-1），一軍登録日数と選手数が最も大きく反比例するものが捕手である．捕手については，経験が重視されるポジションなので，早い段階で，一軍にいられる捕手とそうでない捕手に分かれるということだろう．投手については，一軍登録日数 4 年未満までは緩やかに推移するものの，4 年を超えると激減する．実績の全くない選手は 3 シーズン以上も一軍にいられないはずなので，「投手の肩は消耗品」という考えに従えば，登板による消耗は通算一軍登録日数が 3〜4 年の間にピークに達すると思われる．特に多くのリリーフ選手にとっては，3〜4 年が実働の限界ということであろうか．外野手と内野手はバッテリーと異なり，特定の階級にそれほど大きく集中しないが，やはり一軍登録日数が 1 年未満の選手が最も多い．一軍登録日数と反比例して人数が比較的緩やかに減少すること

　順位を確定できていたら，もっと早く一軍出場機会を得られていたはずだ．

表6-5-2　一軍登録日数・ドラフト順位別選手比率

	一軍登録なし	1年未満	2年未満	3年未満	4年未満	5年未満	6年未満	7年未満	FA権保有	全体
自由／希望枠	0.0	0.0	4.0	0.0	4.0	0.0	4.0	0.0	88.0	100
1位	5.3	13.6	11.8	16.6	16.0	7.1	5.3	4.1	20.1	100
2位	8.3	33.0	21.1	7.3	11.0	2.8	1.8	0.0	14.7	100
3位	8.1	20.2	14.5	12.1	6.5	8.1	6.5	4.0	20.2	100
4位	13.9	25.0	14.8	6.5	11.1	5.6	0.9	7.4	14.8	100
5位	15.1	29.1	10.5	7.0	2.3	7.0	5.8	0.0	23.3	100
6位	12.3	26.2	15.4	6.2	9.2	6.2	7.7	3.1	13.8	100
7位	16.1	35.5	12.9	3.2	9.7	9.7	6.5	0.0	6.5	100
8位	7.1	50.0	0.0	0.0	14.3	7.1	7.1	0.0	14.3	100
9位	14.3	57.1	0.0	0.0	0.0	0.0	14.3	0.0	14.3	100
10位	0.0	0.0	0.0	0.0	0.0	33.3	33.3	0.0	33.3	100
11位	0.0	0.0	0.0	0.0	0.0	0.0	0.0	0.0	100.0	100
その他	0.0	0.0	0.0	0.0	0.0	0.0	0.0	0.0	100.0	100
総計	9.6	23.6	13.6	9.3	9.8	6.2	4.8	3.0	20.2	100

を考えると，特に大きな怪我でもない限り，一度一軍に定着してしまえば，二軍落ちの確率はバッテリーより低いと考えられる．

　さらに，ドラフト順位によって一軍昇格のチャンスがどれくらい違うかを見よう（表6-5-2）．ここで重要なのは，解雇の影響がより少ないキャリアの浅い選手の数字である．一軍登録日数0の選手は全支配下日本人選手の1割に満たないが，ドラフト1位では，全ドラフト1位選手のうち一軍登録日数0の選手は5％である．ドラフト2〜3位では，同順位の全選手のうち8％と全体の数字に近くなる．ドラフト4位以下ではさらに高くなり，10〜15％程度となる．さらに，一軍登録日数が1年未満の選手を見ると，ドラフト順位別の違いは顕著となる．ドラフト1位を除く全ての順位でこのクラスが最も層が厚い．ドラフト8位以下になると，半数以下が，ドラフト2位以下でも約25〜35％がこのクラスに集中する．一方，ドラフト1位選手で最も層が厚いのは一軍登録日数が2〜3年以上のクラスである．要するに，ドラフト1位選手は2位以下の指名に比べて，2〜3年，日数にして290〜435日のアドバンテージを得ていることとなる．

　一軍登録日数と年俸の相関関係は一目瞭然なので（表6-5-3），説明の必要もないが，一軍の控えクラスの選手の層が最も分厚いのが一軍登録日数1〜2年の選手であり，3年以上からレギュラークラスの年俸の選手が急激に

表6‐5‐3　一軍登録日数・年俸別選手数

	～799 万円	800 万円～	1,500 万円～	3,600 万円～	9,500 万円～	22,000 万円～	総　計
一軍登録なし	54	16	1	0	0	0	71
1年未満	99	67	9	0	0	0	175
2年未満	20	51	30	0	0	0	101
3年未満	3	17	41	8	0	0	70
4年未満	1	20	26	23	3	0	73
5年未満	0	9	22	15	0	0	46
6年未満	0	4	15	14	3	0	36
7年未満	1	3	9	6	3	0	22
FA権保有	0	2	35	52	39	22	150
総　計	178	189	188	118	48	22	743

増える．つまり，2～3年続けて球界トップクラスの成績もしくはそれに準じる成績を残せば，「彼」はそのポジションにおけるレギュラークラスの選手になれる．また2億2,000万円以上クラスの上位22人が全てFA権保有者なのも興味深い．FA権の取得がいかに年俸を跳ね上げるかがここに表れていると言えるだろう．

4.　選手によるリスクコントロールはどこまで可能か？

4.1　どの球団を選ぶべきか

この節では，選手によるリスクコントロールはどこまで可能なのかを，議論したい．リスクとは，要するに，球団やアマチュア最終球歴によって戦力外・引退確率が変動するのかどうかということである．それを明らかにするために，多項ロジットモデルを用いて計算を行った．被説明変数は2015年度にNPBに選手が現役を続ける確率・戦力外になる確率・引退する確率である．戦力外と引退の区別については，減額制限以上の減俸を通告された馬原孝裕投手（必由館高―九州共立大―ソフトバンク―オリックス）など，あいまいなケースも多いが，一般的に引退できる選手の方が戦力外通告にとどまった選手より恵まれているのは間違いない．よって戦力外と引退を区別することにした[9]．また，球団にとって年齢とプロ入り年数のどちらが重要なのかを見るために，それぞれの影響を考慮した2つのモデルを用意した．年

表6-6-1　支配下日本人選手の戦力外のリスク要因
（年齢について見た場合）

	戦力外		引　退	
	オッズ比	ロジット	オッズ比	ロジット
切　片	0.00	-10.57***	0.00	-15.24***
年　齢		0.42***	1.61	0.47***
ドラフト順位	1.07	0.07	0.77	-0.26*
一軍登録日数	0.53	-0.63***	0.75	-0.28*
アマ野球最終球歴				
大　卒	0.46	-0.78**	0.38	-0.97
社会人卒	0.25	-1.40***	0.26	-1.36**
プロ経由	0.41	-0.88	0.00	-16.76
球　団				
ソフトバンク	0.42	-0.86	0.19	-1.67
日本ハム	0.50	-0.69	0.54	-0.61
ロッテ	0.42	-0.88	0.00	-18.30
西　武	0.43	-0.84	0.31	-1.16
楽　天	0.59	-0.52	1.99	0.69
ヤクルト	0.41	-0.88	0.00	-17.61
巨　人	0.16	-1.86**	0.49	-0.71
阪　神	0.28	-1.28**	0.44	-0.83
広　島	0.47	-0.76	0.42	-0.86
中　日	0.11	-2.23***	0.32	-1.15
横　浜	0.57	-0.56	0.18	-1.70
ポジション				
投　手	1.68	0.52	3.54	1.26
内野手	0.60	-0.50	2.97	1.09
捕　手	0.36	-1.01	1.06	0.06

観測数＝743　McFadden R^2＝0.280
注）　***1% 水準で有意，**5% 水準で有意，*10% 水準で有意.

齢の影響を考慮したものがモデル1（表6-6-1），プロ入り年数の影響を考慮
したものがモデル2（表6-6-2）である．両モデルに共通の説明変数はドラ
フト順位，一軍登録日数，球団，アマチュア最終球歴，ポジションである．
結果として，球団とアマチュア最終球歴を除く要因のうち有意であったのは，
年齢の影響を考慮したモデル1ではドラフト順位と一軍登録日数，プロ入り
年数の影響を考慮したモデル2ではドラフト順位，ポジション，一軍登録日
数であった．モデル1でもモデル2でも上位で指名された選手ほど引退を経

---

9)　野球賭博事件が原因の巨人の3選手の契約解除については，少数なので引退のカテ
ゴリに含めることとした．

表6-6-2　支配下日本人選手の戦力外のリスク要因
（プロ入り年数について見た場合）

	戦力外		引　退	
	オッズ比	ロジット	オッズ比	ロジット
切　片		-3.18***		-6.54***
プロ入り年数	1.60	0.47***	1.71	0.53***
ドラフト順位	1.06	0.05	0.77	-0.27*
一軍登録日数	0.50	-0.69***	0.72	-0.33*
アマ野球最終球歴				
大　卒	2.30	0.83**	2.15	0.77
社会人卒	2.86	1.05***	2.71	1.00
プロ経由	4.05	1.40**	0.00	-14.48
球　団				
ソフトバンク	0.32	-1.15*	0.14	-1.96
日本ハム	0.48	-0.73	0.47	-0.77
ロッテ	0.34	-1.09*	0.00	-18.47
西　武	0.35	-1.04*	0.23	-1.46
楽　天	0.64	-0.45	1.98	0.68
ヤクルト	0.44	-0.82	0.00	-17.91
巨　人	0.13	-2.04***	0.27	-1.32
阪　神	0.20	-1.60**	0.29	-1.23
広　島	0.40	-0.91	0.34	-1.09
中　日	0.08	-2.49***	0.21	-1.54
横　浜	0.54	-0.61	0.18	-1.70
ポジション				
投　手	1.84	0.61	3.47	1.24
内野手	0.58	-0.55	2.08	0.73
捕　手	0.29	-1.25*	0.62	-0.48

観測数＝743　McFadden R^2＝0.280
注）　***1％水準で有意，**5％水準で有意，*10％水準で有意．

験する確率が高いこと（裏を返せばドラフト下位の選手は引退する前に解雇されてしまうということである），そして一軍登録日数が少ないほど解雇されやすいことが分かる．また，プロ入り年数の影響を考慮したモデル2では，捕手は他のポジションに比べ，解雇されにくいことが分かった．

　それでは，いよいよ球団によって戦力外・引退確率が異なるかどうかを見てみよう．この分析では，11球団とオリックスの戦力外・引退確率の違いを見る．2015年度の12球団の平均退団者が8.8人（うち戦力外は6.4人）なのに対し，オリックスの退団者が15人（うち戦力外は12人）と最も多いためである．

　年齢の影響を考慮したモデルでは（表6-6-1），巨人，阪神，中日はオリックスより有意に戦力外になりにくいという結果が出た．オリックスの戦力外確率を1とした場合のそれぞれの球団の戦力外確率（いわゆるオッズ比）は，0.15倍，0.27倍，0.10倍と低いことが分かった．また，プロ入り年数の影響を考慮したモデル（表6-6-1）では，巨人，阪神，中日に加えてソフトバンク，西武，ロッテがオリックスより戦力外になりにくいことが分かった．ここから，巨人，阪神，中日，ソフトバンク，西武，ロッテが戦力外になりにくい球団であることが分かった．特に次の分析を合わせて考えると，大卒・社会人卒はソフトバンク，ロッテ，西武に入った方が長く面倒を見てもらえることになる．

4.2　アマチュア野球はいつまで続けるべきか

　次に，アマチュア最終球歴による違いを見てみよう．年齢を考慮したとき（表6-6-1），高卒を1とすると，大卒，社会人卒の戦力外オッズ比は1を下回り，有意に戦力外になりにくいという結果となった．逆にプロ入り年数を考慮したとき（表6-6-2），大卒の選手と社会人卒の選手の戦力外オッズ比は有意に1を上回り，大卒選手と社会人卒選手はプロ入り年数が同じでも高卒より戦力外になりやすいという計算結果が出た．

　前述のように，高卒1年目は育成期間にあてられるので，高卒が大卒以上の球歴に比べてプロ入りしてから長く見てもらえるのは当然であるが，年齢が同じなら高卒の方が当然プロ入り年数が長くなるので，モデル1とモデル2はコインの表と裏を見ているようなものであり，至極当然の結論に落ち着いた．とはいえ，社会人卒の選手がすぐに結果を求められているということが改めて確認できたのは収穫である．

　同じ年齢なら大卒，社会人卒が戦力外になる確率が半分以下であるという事実は，現役を終えた後の長い人生を考えると，高卒の方が不利と言えるのではないか．プロ野球以外の他の職業にも言えることであるが，若く，視野の狭いうちに激しい競争にさらされると，いわゆる「専門バカ」になってしまうリスクが大きくなる．もちろんプロ入りを先送りすることで，プロ側の評価が下がってしまう（最悪の場合ドラフト指名されない）リスクもあるが，

第3節でみたように，ドラフト指名順位によって与えられる出場機会はかなり違うので，ドラフト順位が低い場合はプロ入りをあきらめるというのも，特に一定の収入がある社会人にとっては，合理的な選択であろう.

　ドラフト指名を待つ「彼」はどうすべきだろうか. そして，すでに指名されてしまった「彼」はどんなプロ野球人生を送るのだろうか.「彼」がどんな選択をするにせよ，その前途に幸多かれと思わずにはいられない.

参考文献

橘木俊詔（2016），『プロ野球の経済学』東洋経済新報社.

樋口美雄［編］（1993），『プロ野球の経済学』日本評論社.

第7章

常勝チームはつくれるか？
——チーム・デモグラフィー・モデル

稲 水 伸 行

坂 平 文 博

　プロ野球などのスポーツ・チームの研究では，一つ一つのプレイに関する
データをもとにしたものが多い（例えばセイバーメトリクスなど）．決して
それがダメというわけではないが，この章では少し視点を変えて，チーム全
体の長期的なデモグラフィー（年齢分布等）がパフォーマンスに与える影響
を考えてみたい．

　例えば，贔屓の球団・チームについて，次のような会話をすることはない
だろうか．

　「今年のうちのチームは，ベテランと新人がバランスよく揃っているから，
　　いい線までいけそうだ」
　「生え抜き主義が強すぎる．もう少し外部の"血"を入れないとチームは活
　　性化しないのではないか」
　「即戦力を外部からとってくるばかりで，若手が伸びない．活きの良い若
　　手が出てこないから期待できそうにない」

　事実，いくつかの新聞・雑誌記事を見ても，チーム全体の年齢構成や生え
抜き主義に関する記事を目にすることが多い[1]．

　また，次のような会話をすることもあるだろう．

「選手の自主性に任せることで，若手の個性が伸びて，いいチームになっ
　てきている」
「今のチームはバラバラだから，もう少し管理野球にしてチーム方針を徹
　底すべきだ」

　チーム全体を語るときに自由放任型か管理野球型かというところも意見が
なかなか揃わないトピックである．
　この四半世紀の日本のプロ野球の歴史を見ても，(1) 若手採用・生え抜き
がいいのか，即戦力採用がいいのか，(2) 自由放任がいいのか，いわゆる管
理野球がいいのか，なかなか判断の難しいところである．

- 1991 年に広島は新人とベテランがうまくかみ合った投手陣の活躍で優
　勝するが，90 年代半ばは「ビッグレッドマシン」と呼ばれるようにほ
　ぼ同世代の攻撃陣の活躍で恐れられる．しかし，投手陣の世代交代がう
　まくいかずその後次第に停滞してしまう．
- 90 年代のヤクルトは野村監督のもと，データに基づいた戦略を標榜す
　る ID 野球で，強さを誇った．
- 1998 年，横浜は，20 代後半の野手陣が「マシンガン打線」として打ち
　まくる一方，同世代の投手陣も揃い，38 年ぶりのリーグ制覇，さらに
　は日本一となる．当時の権藤監督は自由放任型であったといわれる．
- 2003 年，阪神は，星野監督のもと，投打で大型補強したところに成長
　した若手がかみあい，18 年ぶりのリーグ制覇を成し遂げる．
- 2006 年，中日は，20 代後半の選手を中心に，落合監督のもと優勝を果
　たす．当時「オレ流野球」とも言われた．
- 2012 年から，巨人は原監督のもと，FA 選手の積極的な補強をしつつ常

---

1)　例えば，次のような記事など．「阪神生え抜き率 80%→58%，プロ野球 FA 制度 20
　年の "地殻変動"」『産経新聞』2013 年 5 月 4 日記事．「"一軍定着人数" から考える，
　各球団の新陳代謝のクオリティ」『Number Web』2013 年 12 月 12 日記事．「各球団
　の平均年齢と NPB の年代別構成から見える，過酷なプロ野球の競争環境と球団状
　況」『ベースボールチャンネル』2015 年 1 月 4 日記事（http://www.baseballchannel.
　jp/npb/2448/）．

勝チームを作り，3連覇を果たす．

　このようにややマクロな視点で振り返ると，チームのデモグラフィー（年齢分布）と監督のチーム・マネジメント方針が話題になってきたことがわかる．その一方で，やはり若手生え抜きがいいのか，自由放任がいいのか，一概には言えないのである．だからこそ議論が尽きないわけだが，この章では，こうしたクエスチョンについて，コンピューターの力を借りながら思考実験をしてみることにしよう．

1.　組織デモグラフィー研究

　さて，スポーツ・チームから少し離れてしまうが，経営学・組織論ではデモグラフィー特性（年齢等）とパフォーマンスの関係を探る研究がなされてきた．特に，経営のトップ・マネジメント・チーム（TMT：Top Management Team）を対象とした研究がなされてきた（佐藤 2002）．古くは Pfeffer（1983）により，チーム・メンバーの構成がパフォーマンスに影響することが指摘されたことを嚆矢とするが，個人ではなく“チーム”や“組織”のデモグラフィーという点がポイントである（Kanter 1977）．例えば，その人個人が若くても，周りが年配の人ばかりだと，自分の意見を通しにくい，と言ったことはよくあることだ．その人個人の年齢ではなく，チームや組織全体の年齢構成も見なくては，実際にそのチームや組織で起こっていることは見えてこないものである．

　また，トップ・マネジメント・チームにアンケート調査等をすることは困難だが，デモグラフィーであれば比較的入手可能である．研究のしやすさも TMT 研究が進むきっかけとなったようである．この点は，スポーツ・チーム研究でも言えることかもしれない．確かに，選手や監督に直接アンケートやヒアリングをすることは難しい．けれども，デモグラフィーに関するデータは比較的入手しやすい．こうしたデモグラフィック・データの分析を進めることも，スポーツ・チーム研究で新たな知見を生み出す可能性を秘めている．

　組織デモグラフィー研究（TMT研究）で分析対象となる変数は，どのようなものだろうか．佐藤（2002）によれば，チームや組織の規模，年齢（平均年齢，年齢異質性，年齢類似性等），会社での経験年数（入社歴，取締役歴，チーム内での入社歴・取締役歴の異質性等），外部経験者数・比率，有名大学出身比率，職能専門性などが，パフォーマンス（組織の離職率，職務満足，財務成果，組織能力等）との関係を見る変数として取り上げられてきたという．

　また，佐藤（2002）によれば，これらのデモグラフィー変数とパフォーマンスの関係を直接見るのではなく，チーム・プロセス（チームワークを磨いてチームをうまく統合していくプロセス）を介するモデルも提唱されてきている．つまり，「デモグラフィック変数→パフォーマンス」ではなく，「デモグラフィック変数→チーム・プロセス→パフォーマンス」という関係を想定したモデルである．

　こうしたチーム・プロセスを見る必要は十分理解できるだろう．例えば，メンバーどうしの年齢が離れていることが直接チームのパフォーマンスに効くというよりも，互いに年齢が離れていることで，コミュニケーションがうまくいかなくなり，結果パフォーマンスが悪くなるという方が，納得がいく．

　しかし，課題もある．チーム・プロセスを見るには，チームの中に入り込んでデータを取得する必要が出てくる．先に述べたように，組織デモグラフィー研究の利点の一つは，デモグラフィック・データという比較的入手しやすいデータを活かすところにあった．それなのに，チーム・プロセスに関する入手困難なデータが必要となると，その利点が失われてしまいかねない．

　そこで，登場するのが，コンピューター・シミュレーションを用いたモデル化である．

2.　コンピューター・シミュレーションによるアプローチ

　実は，組織デモグラフィー研究ではコンピューター・シミュレーションによるモデル研究も多い．デモグラフィック変数とパフォーマンス変数の相関はわかっても，そのプロセスまで立ち入って考察することは難しい．そこで，

デモグラフィック変数を用いつつ，チーム・プロセスをモデル化し，どのような結果が得られるのかをシミュレーションしてみるのである．例えば，Harrison and Carroll（1991）は，採用と社会化（新人が組織に馴染むようにすること）と離職の３つを考慮したモデルを構築し，組織文化の強さ・安定性がどのように変わるのかをシミュレーションしている（詳しくは稲水（2013）参照）．

　そこで，この章でも，コンピューター・シミュレーションを用いながら，冒頭に掲げたような素朴なクエスチョンにアプローチしてみたいと考えている．

　さて，コンピューター・シミュレーションを使うにしても，効果的に使わなければ意味がない．わざわざシミュレーションをしなくてもわかることを，あえてやってみる必要はない．それでは，どのようなときにシミュレーションは有効なのだろうか．Davis *et al.*（2007）によれば，シミュレーションが有効なのは Simple theory について検討する場合だという．やや堅い定義ではあるが，Simple theory とは，「ほどほどの経験的・分析的基礎を持つ少数の構成概念と関連命題からなる未発達の理論」のことで，「実際の現象に関する実証データが全くなく仮説的なことが何も言えないというような状態ではない」が，かといって「十分に理論化され，繰り返し検証が行われた状態にあるわけではない」ような「中間にあるような発展段階の理論」のことである．「半分はわかっているが，半分はわかっていない」ような理論であったり，「それぞれの理論はわかっているが，２つを合わせて考えるとどうなるかよくわかっていなかったり」するようなものと感覚的に捉えてもらえればひとまずよいだろう．

　それでは，スポーツ・チームにおけるデモグラフィー研究の Simple theory とは何だろうか．

3.　スポーツ・チームにおけるデモグラフィー研究

　スポーツ・チームに関するデモグラフィー研究も，ある程度蓄積されてきているようだ．

　例えば，Shultz and Curnow（1988）は，様々な競技の選手年齢とパフォーマンスのピークを分析し，ベースボール選手は 28 歳にピークが来ることを見出している．その後，Shultz *et al.*（1994）では，388 名のベースボール選手の生涯記録をもとに，年齢とパフォーマンスの関係を分析し，19 歳から 27 歳にかけてパフォーマンスが向上して，その後は低下するという逆 U 字型の関係を明らかにしている（縦軸にパフォーマンス，横軸に年齢をとった場合）．David *et al.*（1992）も，ベースボール選手のデータをもとに，年齢や在籍年数等とパフォーマンスの関係を分析し，先の逆 U 字型の関係性を一部追認するような結果を得ている．

　少し変わったものでは，Montanari *et al.*（2008）が，イタリアのプロサッカーリーグであるセリエ A のデータをもとに，チーム・メンバーの関係の安定性とパフォーマンスの関係を分析している．そして，同じメンバーで長くやっているとパフォーマンスが上昇することを明らかにしている（ただし，ある点を超えると，メンバー間の関係の安定性・長期性はむしろパフォーマンスに対して逆効果になることも示唆している）．

　上記はあくまで限られた研究事例ではあるが，どうやら次のことは明らかにされてきつつあるようだ．

（1）年齢・在籍年数とその人個人の競技パフォーマンスの逆 U 字型の関係
（2）長期的・安定的なメンバー間関係とパフォーマンスの正の関係

　けれども，明らかにされていない課題もありそうだ．（1）について，個人のパフォーマンスはわかるが，チーム全体のパフォーマンスについて考える必要があるだろう．チーム全体のパフォーマンスは，チーム全体の年齢構成によって大きく変わってくるはずである（30 歳前後が多いほどパフォーマンスがいいなど）．まさしく“チーム”レベルでのデモグラフィー研究が必要なのである．しかも，チーム全体の年齢構成は，そのチームの採用方針（若手採用か即戦力採用なのか）で大きく変わってくるはずである．

　（2）についても，長期的なメンバー関係が重要だとしても，チーム全体の

パフォーマンスについて考える必要がある．また，互いのチームワークを醸成するにしても，チームのマネジメント方針（自由放任型か管理型か）によって，大きく変わってくるはずだ．まさしく“プロセス”を見なくてはならないのである．

　次節では，既存の研究知見やそこから出てきた課題を念頭に置きつつ，組織・チームのデモグラフィーとプロセスについてのモデルを構築し，コンピューター・シミュレーションによる思考実験をしてみることにしよう．それにより，冒頭に掲げたクエスチョン（若手採用がいいのか即戦力採用がいいのか，自由放任がいいのか管理がいいのか）の手がかりが得られるはずである．

4.　シミュレーション・モデルの概要

　この章で構築するシミュレーション・モデルでは，採用戦略（若手採用か即戦力採用か）とチームワーク形成（自由放任か管理か）の2つの相互作用を考慮しながら，常勝チーム形成のメカニズムを探ることにしたい．

　基本的なルールは，1) シーズン中はチームワークを醸成し（チーム戦術を理解し，他メンバーとの連携を磨き），2) シーズンが終了すると，年齢とパフォーマンスをもとに解雇通告が行われ，3) 解雇されたメンバー分を補充する形で新規メンバーを採用する，というものである．

4.1　初期設定

- チーム・メンバー数＝50名
- チーム・メンバーの年齢

年齢は19歳から40歳までの範囲でランダムに割り当てられる．

チーム・メンバーの能力
　既存研究により，スポーツ選手の競技能力は，30歳前後でピークを迎えることが指摘されている（逆U字型）．これにならって，能力は，19歳で2

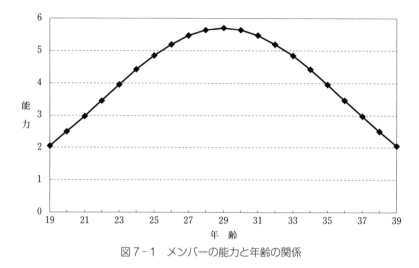

図 7-1　メンバーの能力と年齢の関係

程度，それから年齢を重ねるとともに上昇し，30 歳で最大値の 6 程度，その後は年齢とともに減少し，40 歳で 2 程度の値をとるものとする．具体的には図 7-1 の通り．

各チーム・メンバーの特性

　例えば，$(0, 0, 0, 0, 0)$ や $(0, 1, 0, 1, 0)$ というようにベクトル表現された特性を持つ（このようなベクトル表現をする意味については，後述のパフォーマンスの計算の箇所を参照してほしい．ここではひとまずそういうものだということで納得していただき，読み進めていただければ幸いである）．要素数は 5 で，各要素は 0 か 1 のどちらかをランダムにとる．2 の 5 乗＝32 種類の特性があることになる．

チーム戦略特性

　例えば，$(0, 0, 0, 0, 0)$ や $(0, 1, 0, 1, 0)$ というようにベクトル表現された戦略特性を持つこととする（このようなベクトル表現をする意味については，後述のパフォーマンスの計算の箇所を参照してほしい．先ほどと同じく，ひとまずそういうものだということで納得していただき，読み進めてい

ただければ幸いである）．ベクトルの要素数は 5 で，各要素は 0 か 1 のどちらかをランダムにとる．

4.2　メンバー個人のパフォーマンスの計算式

各メンバーのパフォーマンスは能力だけでは決まらない．どれだけその人個人に能力が備わっていたとしても，チーム戦略にフィットしていなかったり，他のメンバーとの連携が磨かれていなかったりすれば，十二分にその能力を発揮することはできないであろう．

このことを考慮して，メンバー個人のパフォーマンスの具体的な計算式を下記の通りとする．

（個人のパフォーマンス）
＝（能力）×（チーム戦略との適合度）×（他メンバーとの適合度）

ここで「適合度」というものが出てきたが，それは先ほどの「メンバーの特性」と「チーム戦略特性」によって計算されることになる．1 つ目のチーム戦略との適合度は次のようにして決まる．まず，当該メンバーの特性とチーム戦略の特性とを比較し，一致している要素の割合を計算し，それを「チーム戦略との適合度」とする．つまり，「要素のうち一致している数／要素数（＝5）」である．例えば，メンバー特性が (0, 0, 0, 0, 0)，戦略特性が (1, 0, 1, 0, 1) の場合，第 2 要素と第 4 要素が 0 で一致しているので，適合度は 2/5 となる．

2 つ目の他メンバーとの適合度は次のようにして決まる．まず「戦略適合度」の計算と同様の方法で，当該メンバーの特性と他メンバーの特性との適合度を計算する（「要素のうち一致している数／要素数（＝5）」）．他の全メンバー（自分を除く 49 名）との適合度を計算し終えたら，その平均値を計算し，それを「他メンバーとの適合度」とする．

やや複雑かもしれないが，このような計算式によって次のことが表現できるのである．例えば，チーム戦略との適合度＝0.5，他のメンバーとの適合度＝0.5 だとすると，仮に個人の能力が 5 と高くても，実際のパフォーマン

スは 1.25 となってしまう．逆に，チーム戦略との適合度＝1.0，他のメンバーとの適合度＝1.0 だとすると，仮に個人の能力が 2 と低くても，実際のパフォーマンスは 2.00 となり，前者を上回ることになる．

　能力は高いが，チーム戦略に合わないため，試合で使ってもらえず，パフォーマンスを発揮できない．能力は高いが，他のメンバーとの連携がうまくいかないため，思った通りのパフォーマンスを発揮できない．こうしたことはチームスポーツでよくあることだ．逆に，チーム戦略や他のメンバーとフィットするようになり，水を得た魚のように活躍し始める選手もいたりする．こうしたことが先の計算式によって表現できるようになるのである．

4.3　チーム・パフォーマンスの計算式

　チーム全員 50 名分について，各メンバーの個人パフォーマンスを単純合計したものをチーム全体のパフォーマンスとする．

4.4　シミュレーションの流れ

1 ステップごとに実施するルール

　各メンバーは，チーム戦略を理解して，チームに馴染んでいく．このことを表現するため，次のようなルールが実行される．

　まず，0 から 1 の範囲で設定される「自由放任度」を設定する．この「自由放任度」が高いと，チーム戦略の徹底がなされず，各メンバー間のチームワークもよくならない．一方，「自由放任度」が低ければ，トップダウンで戦略が各メンバーに浸透することになる．各メンバーのチーム戦略の理解が進みやすくなり，結果的にメンバー間のチームワークもよくなる．

　具体的には，一定の確率（＝1−「自由放任度」）で，各メンバーは自分の特性の要素のうち 1 つをピックアップし，戦略特性のうち同じ位置にある要素のものに変えてしまう．例えば，「自由放任度」が 0.5，当該メンバーの特性が（0, 0, 0, 0, 0），戦略特性が（1, 0, 1, 0, 1）のとき，50% の確率で，当該メンバーはランダムに自分の特性のうち 1 つの要素を選ぶ．仮に第 1 要素が選ばれたとすると，当該メンバーは自分の特性を（1, 0, 0, 0, 0）に入れ替えることになる（第 1 要素を戦略特性の第 1 要素である「1」に変える）．

その結果，当該メンバーの「戦略適合度」は2/5から3/5へと上昇することになる．

　上記を，メンバー1人1人について実施し，全メンバー（50名）が実施し終えたら，1ステップ終了とする．

1シーズンごと（10ステップごと）で実施するルール

　10ステップで1シーズンと考える．1シーズン経過すると，まず個人パフォーマンスと，それを合計したチーム・パフォーマンスを計算する（先述）．そして，それに基づいて解雇と採用を行う．

　まず解雇についてだが，30歳までは解雇対象とならない（先述のように，30歳まで能力は上昇するので解雇するメリットはないと仮定できるため）．一方，40歳を超えたら，その人の個人パフォーマンスいかんに関わらず，引退するものとする（50歳近くまでプレイする選手もいなくはないが概ね40歳で引退するということには賛同いただけると思う）．そして，30歳以上40歳以下のメンバーについては，個人パフォーマンスが2.00を下回ったら引退するものとする．先述の通り，メンバーの能力は40歳で2.00程度である．チーム戦略やその他のメンバーにうまくフィットしていれば40歳まで現役を続けられるという水準である（ただし，うまくフィットしていなければ，十分パフォーマンスを発揮できず，40歳より前に引退してしまうことになる）．

　次に，採用についてだが，上記で解雇された人数分を新規採用し，補充するものとする．この際，新規採用メンバーの年齢を考慮するものとする．例えば，「採用年齢」が19の場合，新規採用メンバーは全員19歳とする．一方，「採用年齢」が25の場合，新規採用メンバーは全員25歳とする．つまり，若手採用型か，即戦力採用型なのかの違いをこの「採用年齢」の設定によって表現できるのである．ちなみに，新規採用メンバーの特性はランダムに与えられることになる．

4.5　シミュレーションの分析データ

　2,000ステップ（200シーズン）で1回のシミュレーションとする．ただ

し，前半の 1,000 ステップはモデルの挙動が安定するまでの試行とし，後半の 1,000 ステップ（101 から 200 シーズン）を分析対象とすることにする.

　次の 2 変数について，入力する値を変化させてシミュレーションを実施する.

- 採用年齢：19 から 27 まで
- 自由放任度：0.05 から 0.95 まで

　変数の各設定につき 50 回のシミュレーションを実施し，得られたデータの分析を行う.

5.　シミュレーション結果

　図 7-2 は，採用年齢と自由放任度の設定により，チーム・パフォーマンスがどのように変わるのかを示している．チーム・パフォーマンスは 1 シーズンごとに計算される．そこでまず 1 回のシミュレーションごとに，1,001～2,000 ステップにおける 100 シーズン分についてチーム・パフォーマンスの平均と標準偏差を計算した．各設定につき 50 回のシミュレーションを行っているが，その 50 回分についてチーム・パフォーマンスの平均と標準偏差の平均を計算し，プロットしたものが図 7-2 である．チーム・パフォーマンスの平均はどのくらい強いのかを，標準偏差はどのくらい安定して強いのかを示している．常勝チームということであれば，平均が高く，標準偏差が低いというのが一つの目安となる.

5.1　自由放任度が高い場合の結果

　まず，自由放任度が高い場合（＝0.85）の結果を見てみよう（図 7-2 (a)）．これは，かなり時間をかけなくてはチーム戦略が浸透しないような状況である.

　このとき，チーム・パフォーマンスの平均は採用年齢とともに減少する傾向がある．例えば，チーム・パフォーマンス平均は，採用年齢＝19 のとき

180 弱だが，採用年齢 = 27 のとき 160 を切るほどにまで低下している．若手採用型（低採用年齢）の場合，メンバーが加入してから引退するまでの時間が長くなる．そのため，チーム戦略を浸透させるだけの時間を持つことができ，チーム全体のパフォーマンスが平均的に良くなると考えられるのである．

　これだけをみれば，若手採用型の方が即戦力採用型よりも良いように思えるかもしれない．しかし，チーム・パフォーマンスのバラツキ（標準偏差）を見るとそうとも言えない．チーム・パフォーマンスのバラツキは，採用年齢が低いほど大きくなってしまう．例えば，チーム・パフォーマンスの標準偏差は，採用年齢 = 27 のとき 10 程度だが，採用年齢 = 19 のとき 50 近くにまでなっている．

　このことをわかりやすく示しているのが図 7-3（a）である．この図に描かれているのは，ある 1 回のシミュレーションにおけるチーム・パフォーマンスの推移である．縦軸にチーム・パフォーマンス，横軸にシーズンをとっているのだが，採用年齢が低い（19）場合，チーム・パフォーマンスが 50 程度から 250 程度まで大きく振幅している．一方，採用年齢が高い（25）場合，チーム・パフォーマンスは 170 程度でほぼ安定していることがわかる．

5.2　自由放任度が中程度の場合

　次に，自由放任度が中程度の結果を見てみよう（図 7-2（b））．先ほどと比べて，多少の時間があればチーム戦略が浸透するようになった状況である．

　このとき，チーム・パフォーマンスの平均は，採用年齢に対して逆 U 字型の関係にあることがわかる．つまり，採用年齢が 19 から 23 にかけては増加する傾向があるが，それ以降の 25, 27 となると減少する傾向がある．結果的に若手育成型と即戦力採用型との違いは小さくなっているといえる．採用年齢が多少上がり加入から引退までの時間が短くなったとしても，チーム戦略を浸透できるようになったため，チーム全体のパフォーマンスを出せるようになるのである．逆に言えば，若手育成型の時間をかけてチームワークを磨ける強みが失われていっている，とも言える．

　けれども，話はそう簡単ではない．チーム・パフォーマンスのバラツキ（標準偏差）は，先ほど（図 7-2（a））とは逆に，採用年齢とともに増えて

(a)　自由放任度＝0.85

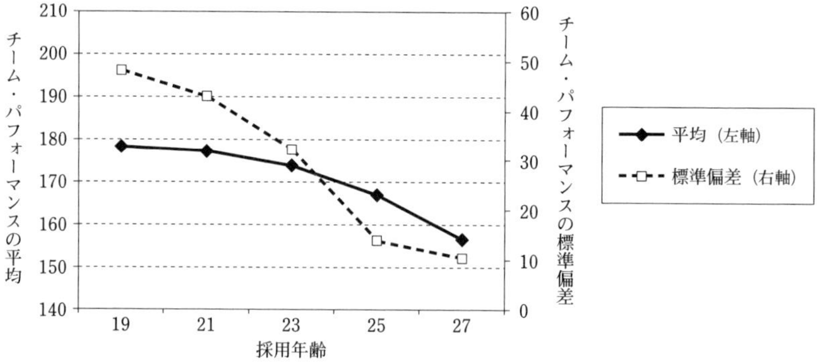

(b)　自由放任度＝0.55

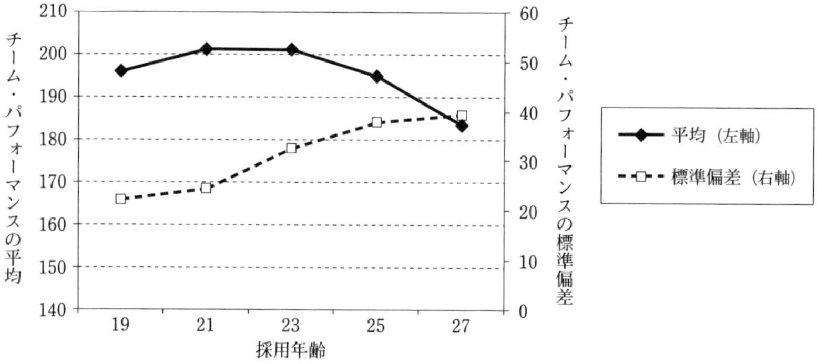

(c)　自由放任度＝0.05

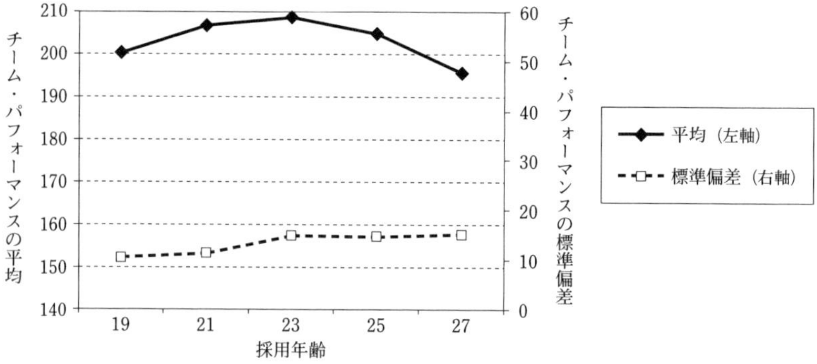

図7-2　自由放任度と採用年齢によるチーム・パフォーマンスの変化

(a) 自由放任度が比較的高い（0.85）場合の採用年齢による相違

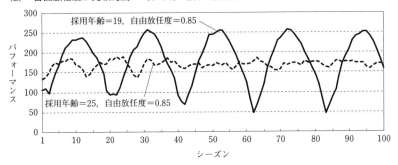

(b) 自由放任度が中程度（0.55）の場合の採用年齢による相違

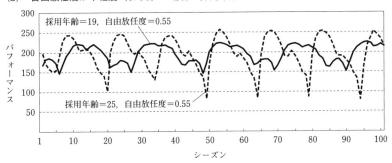

(c) 自由放任度が低い（0.05）場合の採用年齢による相違

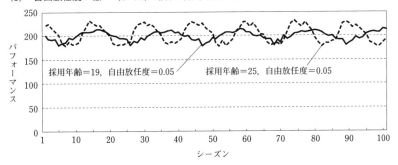

図 7-3 シーズンごとのチーム・パフォーマンスの推移

注）採用年齢は 19 と 25 の 2 パターン.

しまう傾向があるのである．例えば，チーム・パフォーマンスの標準偏差は，採用年齢＝19 のとき 20〜25 程度だが，採用年齢＝27 のとき 40 程度にまで増えている．

このことをわかりやすく示しているのが図 7-3（b）である．この図に描かれているのは，先ほどと同様，ある 1 回のシミュレーションにおけるチーム・パフォーマンスの推移である．縦軸にチーム・パフォーマンス，横軸にシーズンをとっているのだが，採用年齢が低い（19）場合，チーム・パフォーマンスはほぼ 150〜220 の間を小さく振幅している（先ほどの図 7-3（a）に比べて振幅は小さくなっている）．一方，採用年齢が高い（25）場合，チーム・パフォーマンスはほぼ 80〜250 の間を大きく振幅していることがわかる．つまり，自由放任度が高い場合とは逆で，若手育成型よりも即戦力型の方がチーム・パフォーマンスは不安定となってしまうのである．

5.3　自由放任度が低い場合

最後に，自由放任度が低い（0.05）ときの結果を見てみよう（図 7-2（c））．ほぼ瞬時にチーム戦略が浸透してしまうような状況である．

このときもチーム・パフォーマンスの平均は，採用年齢に対して逆 U 字型の関係があることがわかる．つまり，採用年齢が 19 から 23 にかけて増加し，それ以降は減少するといった具合である．ただし，ピークはより高い年齢のところにくるようだ．

表 7-1　シミュレーション結果のまとめ

自由放任度	採　用　年　齢	
	若　手	即戦力
高	平均：高 バラツキ：大	平均：低 バラツキ：小
中	平均：低 バラツキ：小	平均：大（中）* バラツキ：大
低	平均：低 バラツキ：小	平均：大（中）* バラツキ：大

注）　*については，採用年齢が 23 のあたりにピークがあることを意味している．

　また，チーム・パフォーマンスのバラツキ（標準偏差）も，先ほどと同様，採用年齢とともに大きくなっていることがわかる．図7-3（c）を見るとわかるように，採用年齢が高い（25）場合には，チーム・パフォーマンスが変動するようである．

　以上の結果をまとめると表7-1の通りである．

6. シミュレーション結果が生じるメカニズム

6.1 なぜ，自由放任度が比較的高いとき，若手採用型のチーム・パフォーマンスのバラツキは大きくなってしまうのか

　簡単にいってしまえば，メンバーがある特定の世代に集中してしまう"団塊"の世代が形成されるからである．以下では，そのメカニズムについて説明しよう．

　チームにおける人口分布の変化を図7-4は表していると考えて欲しい（上図から下図にかけて時間が経過していくと考えて欲しい）．まず，ある時点で，多めの引退者が出ることがある（人口分布をランダムに割り当てるのであり得ることである）．引退者の分だけ新規メンバーを補充することになる（図7-4の①）．引退者は在籍年数が長かったため，戦略および他メンバーとの適合度は高かったのだが，新規メンバーの適合度は低くなる（②）．そのため，満期引退者に加えて（③），新規メンバーとの適合度が低下したために個人パフォーマンスが低下した結果，1年繰り上げで早期引退をする世代も出てくることになる（④）．満期引退者と早期引退者も含めた分だけ補充することになるので，大量の新規メンバーが加入することになる（⑤）．こうして人口分布の高い"山"が形成されるようになる．このようなプロセスが繰り返されることで，いわゆる"団塊"の世代が形成されることになる．

　なぜ"団塊"の世代ができると，チーム・パフォーマンスは大きく変動するのか．"団塊"の世代が，新規加入当初であればチーム・パフォーマンスはかなり低くなる．まだ能力が低い上に，メンバーの戦略と他メンバーとの適合度も低いからである．"団塊"世代が30歳前後になるにつれ，能力が向上するとともに適合度も高まっていく．その相乗効果により，チーム・パフ

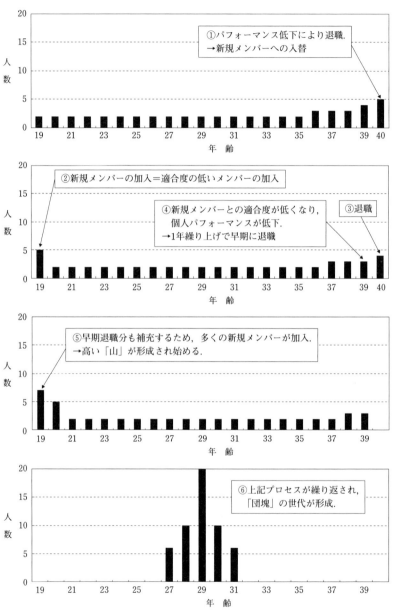

図 7-4　"団塊"世代が形成されるメカニズム

注）上図から下図にかけて時間が進行している.

ォーマンスは最高潮に達する. そして, "団塊" 世代が歳をとるとともに, 適合度を維持しつつも能力は落ち, チーム・パフォーマンスも低下していく. "団塊" 世代が引退するとともに, 新たな "団塊" 世代が加入することになる. このようなプロセスを繰り返すことで, チーム・パフォーマンスは大きな変動をするのである.

6.2　なぜ, 自由放任度が中程度のとき, 即戦力採用型よりも若手採用型の方が, チーム・パフォーマンスのバラツキは小さくなるのか.

これは少し複雑ではあるが, 1) 即戦力採用型では 1 つの "団塊" 世代が形成されるのに対し, 2) 若手採用型では, 若手世代にひとかたまり, ベテラン世代にひとかたまりというように, 複数の "山" が形成されてしまうからである.

まず即戦力採用型の場合を見てみよう. 図 7-5 (a) は, 人口動態をわかりやすく模式図化したものである. A から F までの 6 世代があると考えよう (若い世代が A 側, ベテラン世代が F 側である). 図 7-5 (a) 中の数字は, 各シーズンで, 各世代に何名のメンバーが在籍しているかを示している. 例えば, シーズン 1 では, A 世代に 1 名, B 世代に 1 名, C 世代に 6 名……というように在籍している (ここでは総メンバー数は 16 名となる). シーズン 1 からシーズン 2 へと時間が進むにつれて, A 世代だったメンバー (1 名) は B 世代へと 1 つずつ歳をとっていくことになる.

さて, シーズン 1 から時間を進めていくと, 2 つの "山" が次第に近寄っていき, ひとかたまりになっていく様子が見てとれる.

- シーズン 1：C 世代と F 世代に "山" (6 名) があるとする. F 世代はこのシーズンで満期引退する.
- シーズン 2：大量新規採用が発生 (A 世代に "山" ができる). 先述のように, 大量の新規メンバーの加入により適合度およびパフォーマンスは低下し, F 世代の満期引退とともに E 世代も早期引退する.
- シーズン 3：早期引退者の分も含めて補充するため新規採用が多くなる

(a)　即戦力採用型の場合
（"山" 間隔が狭い場合）

	世代					
	若い ⟶ ベテラン					
	A	B	C	D	E	F
シーズン1	1	1	6	1	1	6
シーズン2	6	1	1	6	1	1
シーズン3	2	6	1	1	6	0
シーズン4	6	2	6	1	1	0
シーズン5	1	6	2	6	1	0
シーズン6	1	1	6	2	6	0
シーズン7	0	1	1	6	2	6
シーズン8	6	0	1	1	6	2
シーズン9	8	6	0	1	1	0

(b)　若手採用型の場合
（"山" 間隔が広い場合）

	世代							
	若い ⟶ ベテラン							
	A	B	C	D	E	F	G	H
シーズン1	1	1	1	5	1	1	1	5
シーズン2	5	1	1	1	5	1	1	1
シーズン3	2	5	1	1	1	5	1	0
シーズン4	1	2	5	1	1	1	5	0
シーズン5	0	1	2	5	1	1	1	5
シーズン6	5	0	1	2	5	1	1	1
シーズン7	2	5	0	1	2	5	1	0
シーズン8	1	2	5	0	1	2	5	0
シーズン9	0	1	2	5	0	1	2	5
シーズン10	5	0	1	2	5	0	1	2
シーズン11	3	5	0	1	2	5	0	0
シーズン12	0	3	5	0	1	2	5	0
シーズン13	0	0	3	5	0	1	2	5
シーズン14	5	0	0	3	5	0	1	2
シーズン15	3	5	0	0	3	5	0	0

図 7‑5　複数の "山" が維持もしくは 1 つに収斂するメカニズム

注）　アミ部分は "山" となっている世代.

（A 世代が 2 名）．また，低下した適合度が戻らないため（※低下した適合度が回復するには 2 シーズンかかるとここでは便宜的に仮定），E 世代（6 名）が早期引退する．

- シーズン 4：早期引退者が多かったため，大量の新規採用が実施される（A 世代が 6 名）．大量の新規採用者が出たため，改めて適合度が低下し，E 世代（1 名）が早期引退する．
- シーズン 5：適合度が低下したままのため，E 世代（1 名）が早期引退する．
- シーズン 6：2 シーズン経過して適合度が回復したため，E 世代（6 名）は早期引退することなく，次のシーズンまで在籍する．
- シーズン 7：F 世代（6 名）が満期で引退．
- シーズン 8：大量の新規採用が実施（A 世代が 6 名）．適合度が低下し，F 世代（2 名）とともに E 世代（6 名）も早期引退．
- シーズン 9：大量の新規採用が実施（A 世代が 8 名）．

　このように，当初は "山" の間に 2 世代あったが，次第に "山" の間隔は狭まっていき，最終的には 1 つの "団塊" の世代に収斂してしまうのである．こうして "団塊" 世代ができると，チーム・パフォーマンスは大きく変動することになる．

　特に，即戦力採用型の場合，加入から引退までの時間が短い．そのため，狭い年代幅にメンバーが分布することになる．仮に "山" が複数あると，"山" と "山" の間隔は狭くなりやすい．結果，"団塊" 世代が形成されやすいのである．

　次に若手採用型の場合を見てみよう（図 7-5（b））．若手採用型だと，加入から引退までの時間が長い．そのため，広い年代幅にメンバーが分布することになる．"山" と "山" の間隔は広くなりやすい．このことを念頭に，図 7-5（b）では，世代数を増やし，"山" と "山" の間隔を 3 世代に広げている．

- シーズン 1：D 世代（5 名）と H 世代（5 名）に "山" がある．"山" の間隔は 3 世代（E, F, G）である．H 世代は満期引退．

- シーズン 2：大量の新規採用（A 世代が 5 名）．適合度の低下により，H 世代（1 名）に合わせて G 世代（1 名）も早期引退．
- シーズン 3：低下した適合度が戻らないため（※低下した適合度が回復するのに 2 年かかるとここでは便宜的に仮定），G 世代（1 名）が早期引退．
- シーズン 4：適合度が回復したため，G 世代（5 名）は早期引退することなく，次のシーズンまで在籍．
- シーズン 5：H 世代（5 名）が満期引退．
- シーズン 6：大量の新規採用（A 世代が 5 名）．適合度の低下により，H 世代（1 名）に合わせて G 世代（1 名）も早期引退．
- シーズン 7：低下した適合度が戻らないため，G 世代（1 名）が早期引退．
- シーズン 8：適合度が回復したため，G 世代（5 名）は早期引退することなく，次のシーズンまで在籍．
- シーズン 9：H 世代（5 名）が満期引退．
- 以下，続いていく．

　このように，先ほどのケースとは違い，"山"と"山"の間隔は維持されていく．"山"と"山"の間隔が空いていると，ある"山"が引退した後，次の"山"が引退年齢に差し掛かるまでに適合度が回復するため，次の"山"は早期引退しなくて済む．その結果，"山"と"山"の間隔が縮まらないのである．

　若手採用型の場合，"山"が形成されても，若手とベテランというように複数に分かれてしまう．ベテランが引退しても，若手が頑張ってチームを牽引し，その若手がピークを超えて能力が落ちてきても，次の若手が出てきて……といった具合で，チーム・パフォーマンスの変動は押さえられるのである．

6.3 なぜ，自由放任度が低いとき，即戦力採用型よりも若手採用型の方が，チーム・パフォーマンスのバラツキが小さくなるのか．

このとき，新規メンバーはすぐに戦略に適合するものと考えられる．そのため，チーム・パフォーマンスに大きな影響を与えるのは，戦略と他メンバーへの適合度ではなく，各メンバーの能力ということになる．

若手採用型の場合，引退するメンバーの能力と新規加入するメンバーの能力はほぼ同じである．図7-1を見るとわかるように，メンバーの能力は40歳と20歳とではほぼ同じである．

即戦力採用型の場合，引退するメンバーの能力と新規加入するメンバーの能力に大きな違いがある．30歳前後の即戦力が新規加入するとしたら，引退する40歳前後のメンバーとの能力差は大きいことが図7-1からわかる．結果，（人口分布に多少のムラがあると）メンバーの入替によって，チーム・パフォーマンスが変動してしまうことになる[2]．

7. 若手育成か即戦力採用か，自由放任か管理か？

これまで，コンピューターの力を借りながら，1) 若手採用か即戦力採用か，2) 自由放任か管理か，という視点から，常勝チーム形成のメカニズムを探ってきた．結論を一言でいうと，この問題は一筋縄ではいかない，ということになる．シミュレーションのモデルに組み込んだのは，一見複雑そうに見えるかもしれないが，解雇に加えて，わずかに上記の2つの要素だけである．つまり，1) 若手採用か即戦力採用か（採用年齢），2) 自由放任か管理か（自由放任度）である．それにもかかわらず，安定的にほどほどの強さを発揮するチーム，逆に低迷期もあるが黄金期もあるチームという2つのパターンが出てくるのである．しかも，あるレベルの自由放任度では，若手採用

---

2) このメカニズムは，自由放任度が中程度や高いときにも言えることである．ただ，自由放任度が低いときは，適合度のチーム・パフォーマンスに与える影響が小さくなるため，このメカニズムが及ぼす影響がより明確に出てきやすいということである．

だと前者，即戦力採用だと後者のパターンになるが，別のレベルの自由放任度になるとこの関係が逆転してしまう．このことは，複雑ではあるが素直に面白い．本章の冒頭にあったように，若手重視か，自由放任重視かといった議論が尽きないのも頷ける結果である．

　このような難しさ・複雑さがあることを承知の上で，あえてチーム・マネジメントに向けた示唆を挙げることにしよう．まず，やはりという感じだが，常勝チーム（安定的に高いパフォーマンスを出すチーム）を作り上げることは至難の技である．シミュレーション結果で見たように，そのようなチームを見出すことはできなかった．

　そこで，次善の策として，パフォーマンスの 1) 安定感と 2)（瞬間的）高さのどちらかをとり，どちらかを捨てるということが考えられる．安定感をとれば，手がつけられないほどの爆発的な強さを誇る時代はないが，低迷期にも陥ることのないチームづくりということになる．（瞬間的）強さをとれば，低迷期に陥るリスクも抱えることになるが，一定期間，黄金時代を築ける可能性もでてくる．このどちらをとるかによって，シミュレーションでも見たように，採用政策と戦略徹底方針が変わってくることになろう．

　筆者個人のバイアスのかかった見解ではあるが，若手採用型・自由放任型の組み合わせでは，“団塊”の世代が形成され，低迷期はありつつも，その世代が育つのを辛抱強く待つと，爆発的な強さを誇る黄金期を築ける可能性があるというのは興味深い．こうしたチームの強さは，単なる強さでなく，低迷期の苦労を通して選手が育った末の強さである．本章のスコープから外れるかもしれないが，一緒に苦しい時代を乗り切り，自分が手塩にかけて選手を育てたという感覚をファンに呼び起こすチームは，ファンから愛される．それゆえに，こうしたチームの強さはファンを熱狂させるに違いない．そう考えると，常勝チームを作るという観点からすると決して良い方法ではないかもしれないが，熱狂できるチームという観点からすると案外悪くない方法かもしれない．この点について，読者の皆さんはどう考えるだろうか．

　もちろん，今回得られた結果が果たして本当に実際のデータで裏付けられるのか検討する必要があるだろう．また，モデル自体も精緻化の余地がある．若手採用と即戦力採用をバランスさせるとどうなるだろうか，解雇するパフ

ォーマンス水準を変えてみたらどうなるだろうか，チーム戦略が途中で変わってしまうとどうなるだろうか（監督交代とともにチーム戦略が変わることはよくあることである）．その意味でこの章のモデルは出発点にすぎない．しかし，単純なルールの組み合わせだけでも意外と複雑な結果になりうる．本章のようなアプローチで思考実験を積み重ねることで，スポーツ・チームを見る目を養うことができたのであれば幸いである．

参考文献

稲水伸行（2013），「経営組織のコンピューター・シミュレーション――J. G. March 系組織理論の発展の系譜」組織学会［編］『組織論レビュー（2） 外部環境と経営組織』白桃書房，179-226 頁．

佐藤大輔（2002），「日本企業における TMT 構成と組織パフォーマンスの関係」『北海学園大学経済論集』第 50 巻 3 号，113-136 頁．

Davis, Jason P., Kathleen M. Eisenhardt, and Christopher B. Bingham (2007), "Developing Theory Through Simulation Methods," *Academy of Management Review*, Vol. 32(2), pp. 480-499.

Harrison, J. Richard and Glenn R. Carroll (1991), "Keeping the Faith: A Model of Cultural Transmission in Formal Organizations," *Administrative Science Quarterly*, Vol. 36(4), pp. 552-582.

Kanter, Rosabeth M. (1977), *Men and Women of the Corporation*, Vol. 5049, New York, NY: Basic Books.

Montanari, Fabrizio, Giacomo Silvestri, and Edoardo Gallo (2008), "Team Performance Between Change and Stability: The Case of the Italian 'Serie A'," *Journal of Sport Management*, Vol. 22(6), pp. 701-716.

Pfeffer, Jeffrey (1983), "Organizational Demography," *Research in Organizational Behavior*, Vol. 5, pp. 299-357.

Schulz, Richard and Christine Curnow (1988), "Peak Performance and Age Among Superathletes: Track and Field, Swimming, Baseball, Tennis, and Golf," *Journal of Gerontology*, Vol. 43(5), pp. 113-120.

Schulz, Richard, Donald Musa, James J. Staszewski, and Robert S. Siegler (1994), "The Relationship between Age and Major League Baseball Performance: Implications for Development," *Psychology and Aging*, Vol. 9(2), pp. 274-286.

日本のプロ野球球団経営の現状
——貸借対照表から見える変化

中 村 亮 介

1. 球団経営の現状は？

　常日頃，特定のプロ野球球団を応援しているファンの視点からは，その球団の経営状況に注目することはあまりないであろう．唯一，注目されることがあるとすれば，それはストーブリーグ時かもしれない．

　たとえば，福岡ソフトバンクホークスは 2013 年のオフに，元阪神タイガースのスタンリッジ投手を 2 年 4 億円で，元埼玉西武ライオンズのサファテ投手を 2 年 5 億円で，元北海道日本ハムファイターズのウルフ投手を 2 年 3 億円で，元オリックスバファローズの李大浩選手を 3 年最大 19 億円でそれぞれ獲得している（金額はいずれも推定）．その他にも，フリーエージェント制度により元中日ドラゴンズの中田投手，元北海道日本ハムファイターズの鶴岡選手を補強している．一方，親会社を持たない唯一の球団である広島東洋カープは，読売ジャイアンツに移籍した大竹投手の人的補償で一岡投手を獲得したものの，その他の目ぼしい補強は，元 3A のヒース投手，フィリップス投手のみであった．

　このあまりにも惨いコントラストから，筆者を含むカープファンは，「まぁ，カープはカネがないから仕方がない」と嘆息し，次年度の優勝を諦め，若手の台頭を唯一の楽しみとすることに切り替えたであろう[1]．このように，各球団の補強のバロメーターとして経営状況をイメージすることがあるが，

そのイメージは根拠に乏しいことが多い．実際に，上述の補強に関する情報をもとにどちらの球団が儲かっているか，と問われたら多くの人がホークスと答えるであろう．しかし，2013年度のホークスとカープの総資産利益率を比較すると，なんとカープの方が勝っているのである（後掲表8-5を参照）[2]．このようなイメージと事実のギャップを埋めるため，本章では財務分析を行うことで，球団経営の現状を確認する．

ところで，脇村（2014）は，日本のプロ球界改革の中で，赤字になると親会社から補填されるシステムから，「独立採算制」へと向かう動きが注目されるようになってきていると指摘している．そこで，本章では，いわゆる「球界再編[3]」問題を経て，プロ野球球団の経営はどのように変わった，もしくは変わっていないか，また，課題があるとしたら何かについて，球団が公表している会計報告書をもとに検討する．

なお，球団の会計報告書については，以前はほとんど公表されていなかった（宮本・田口 2005）ので，これまであまり検討対象とされてこなかった．ただし，表8-1を見ればわかるように，球界再編問題の起こった2004年を境として会計報告書を，政府の機関紙である『官報』に公表する球団が増えてきた[4]．

しかし，それでも，会計報告書を公表しているすべての球団が，表8-2のような必要最小限の要約貸借対照表のみの公開にとどまっており，（当期純利益は表示されているものの）企業の経営成績を表す損益計算書の情報を窺

1）「カープにカネがない」という固定観念は，2004年のドラフト問題にも起因すると思われる．これは，読売ジャイアンツが明治大学の一場投手に食事代，交通費，小遣いの名目で総計200万円の金銭を与えていたという問題であり，渡邊オーナーの辞任に発展した．金銭は他球団も払っていたことが暴露されたが，他の球団が数十万円であったのに対し，カープはなんと2,000円であったと言われている（堀 2012）．

2）カープが常に黒字である理由は，堀（2012）を参照．

3）球界再編とは，2004年6月に表面化した大阪近鉄バファローズの経営難に端を発し，大阪近鉄とオリックスの合併，楽天の新規参入などへ発展した一連の出来事を指す（宮本・田口 2005）．これを機に，少なからぬ識者やファンが，日本球界における球団経営の閉鎖性と不合理性，独善性を指摘した（鈴村 2007）．

4）なお，原則として，株式会社は定時株主総会の終結後に貸借対照表の公告が求められる（会社法第440条第1項）．公告を行わなかったとき，不正の公告を行ったときは，代表者等の役員が100万円以下の過料に処される（同第976条第1項）．

表8-1　官報に初めて会計報告書を公表した決算日

【パ・リーグ】

ホークス	2005 年 2 月 28 日
ファイターズ	2005 年 12 月 31 日
マリーンズ	2004 年 12 月 31 日
ライオンズ	2004 年 11 月 30 日
バファローズ	2004 年 12 月 31 日
ゴールデンイーグルス	2004 年 12 月 31 日

【セ・リーグ】

スワローズ	2010 年 12 月 31 日
ジャイアンツ	―
タイガース	2004 年 12 月 31 日
カープ	2006 年 12 月 31 日
ドラゴンズ	―
ベイスターズ	2005 年 12 月 31 日

出所）『官報』から筆者作成．ジャイアンツ，ドラゴン
　　　ズは会計報告書を公表せず．

表8-2　官報掲載の会計報告書の例

第 58 期決算公告	平成26年 4 月14日
	広島市南区南蟹屋二丁目 3 番 1 号

株式会社広島東洋カープ

代表取締役社長　松田　　元

貸借対照表の要旨（平成25年12月31日現在）

科　　　　　目	金　額（百万円）	
資産の部	流 動 資 産	3,203
	固 定 資 産	2,732
	資 産 合 計	**5,936**
負債純資産及びの部	流 動 負 債	2,081
	固 定 負 債	82
	負 債 合 計	**2,163**
	株 主 資 本	3,772
	資 本 金	324
	利 益 剰 余 金	3,448
	利 益 準 備 金	81
	その他利益剰余金	3,367
	（うち当期純利益）	(260)
	純 資 産 合 計	**3,772**
	負債・純資産合計	**5,936**

出所）『官報』2014 年 4 月 14 日から．

---

5)　『官報』や時事に関する日刊新聞紙等の紙媒体を利用する場合は，貸借対照表の要
　　旨の提供のみで許される（会社法第 440 条第 2 項）．

い知ることはできない[5].

　このように，非常に限られた情報しか手に入らないが，本章では，この貸借対照表をもとに財務分析を行い，プロ野球球団経営の現状を把握する.

2.　球界再編時と現在との利益比較

　球界再編が起こる前の2003年度と，直近の2013年度の当期純利益を比較したのが表8-3である.

　これを見ると，再編前には8球団が赤字であったが，直近では3球団に減少している. 無論，利益の多寡のみで判断はできないが，この限りでは，再編後の球団全体の経営は良化傾向にあると言えそうである.

　次に，さらに分析を進めるため，財務分析の指標を記述する. ここでは，要約貸借対照表から分析できる主要指標のみを対象とする.

表8-3　球界再編前と直近の球団の当期純利益

（単位：億円）

【パ・リーグ】

	2003年度	2013年度
ホークス	約−10	1.5
ファイターズ	約−10	2.7
マリーンズ	約−35	−0.04
ライオンズ	約−20	10.9
バファローズ	約−40	
バファローズ（2003年はブルーウェーブ）	赤　字	0
ゴールデンイーグルス		0.4

【セ・リーグ】

	2003年度	2013年度
スワローズ	−5	−0.8
ジャイアンツ	18.5	—
タイガース	13	9.5
カープ	0.8	2.6
ドラゴンズ	—	
ベイスターズ	−10	−0.3

注）　ただし，2003年度のデータは親会社の支援を受ける前段階の実質ベースであり，計算方法が2013年度のデータと異なっている場合がある.
出所）　2003年度は『日本経済新聞』2004年7月24日朝刊から，2013年度は『官報』から筆者作成.

3.　球団の財務分析に用いる指標

3.1　分析指標

本章では，財務分析を収益性の分析と安全性の分析の 2 つに分ける．

収益性の分析とは，利益を上げているかどうか，さらに，どのようにしてあげているかを見る分析である（新田 2015）．この分析で代表的な指標が総資産当期純利益率（ROA）（表 8-2 では 4.38%）と自己資本当期純利益率（ROE）（表 8-2 では 7.10%）である．ROA は，当期純利益（表 8-2 では 260 百万円）を期中平均の総資産（表 8-2 では 5,936 百万円と前期末総資産 5,939 百万円の平均 5937.5 百万円）で割って求められる指標であり，この比率が高ければ，企業全体の資産を効率よく運用していると判断される．ROE は，当期純利益を期中平均の自己資本（表 8-2 では 3,772 百万円と前期末自己資本 3,550 百万円の平均 3,661 百万円）[6] で割って求められる指標であり，この比率が高ければ，株主が投資した資本を効率よく運用していると判断される（善積 2014）．

一方，安全性の分析とは，負債に対する支払いに対応できるかどうかを見る分析である（新田 2015）．安全性はさらに短期の視点と長期の視点で行われる．

短期の安全性の代表的な指標である流動比率（表 8-2 では 153.92%）は，流動資産（表 8-2 では 3,203 百万円）を流動負債（表 8-2 では 2,081 百万円）で割って求められる．すなわち，企業が短期に履行すべき義務（流動負債）に対して，流動資産がどれだけカバーしているかを見ることで，当該負債に対する義務を果たしたうえでの余裕度（100% を下回る場合には，資金的逼迫度）がどれだけあるかを測る指標である（辻 2014）．この数値は，高ければ安全性が高いとされる．

長期の安全性の代表的な指標である負債比率（表 8-2 では 57.34%）は，負債（表 8-2 では 2,163 百万円）を自己資本（表 8-2 では 3,772 百万円）で

---

6)　自己資本は，株主資本＋評価・換算差額で求められるが，表 8-2 では評価・換算差額がないので，自己資本の額＝株主資本の額となる．

表 8-4　記述統計量

	ROA	ROE	流動比率	負債比率	固定長期適合率
平　均	3.94	9.19	112.46	1,076.00	221.85
分　散	154.20	942.66	9,290.19	2,403,516.35	221,188.09
中央値	0.30	1.47	92.69	176.35	76.92
最大値	73.62	201.95	686.74	7,837.51	3,795.65
最小値	−28.42	−46.43	9.97	31.36	6.80
N	78	74	89	87	89

注)　ROA：当期純利益／(期首総資産＋期末総資産)÷2×100，ROE：当期純利益／(期首
自己資本＋期末自己資本)÷2×100，流動比率：流動資産／流動負債×100，負債比率：
負債／自己資本×100，固定長期適合率：固定資産／(固定負債＋自己資本)×100.

割ることによって求められる. この指標は，負債が，返済をする必要のない
自己資本とのバランスにおいて小さい（低い）ほど，長期的に安全であると
判断される. また，固定長期適合率（表 8-2 では 70.89%）は，固定資産
（表 8-2 では 2,732 百万円）を，自己資本（表 8-2 では 3,772 百万円）と固
定負債（表 8-2 では 82 百万円）の合計で割った指標である. 企業が長期に
活動を行うには，設備などの固定的かつ長期的な基盤である固定資産が必要
となるが，固定長期適合率は，この固定資産を調達するための資金を長期的
すなわち安全な源泉である自己資本と固定負債との合計額でどのくらい賄っ
ているかをみることで，長期的に安全かどうかを判断する（辻 2014）. 計算
上，100% 以下であれば安全であるとみなされる.

3.2　サンプル選択と記述統計量

本章の分析は，2004 年度から 2013 年度までの日本におけるプロ野球球団
の貸借対照表を対象としている. データは，独立行政法人国立印刷局が提供
する官報情報検索サービスを用いて収集した. なお，決算日を変更した場合，
そのデータはサンプルから除外した. また，自己資本がマイナスの場合には
ROE および負債比率を計算できないので，これもサンプルから除外した.
以上を満たしたサンプル数およびその記述統計量は，表 8-4 のとおりであ
る[7].

---

7)　ROA・ROE は期首の値も用いるため，安全性の指標よりもサンプルが少ない.

4.　収益性と安全性の分析

4.1　収益性の分析

　表 8-5 は ROA, 表 8-6 は ROE の球団別, 年度別の推移をそれぞれ示したものである. なお, 中央値を超えた (相対的に収益性が高い) 値のセルを網掛けしている.

　まずわかることは, 記述統計量も踏まえると ROA よりも ROE のばらつきが非常に大きいことである. この原因として, 後述するようにプロ野球球団の負債比率が一般的に高い (2013 年度の日本の金融・保険業を除く上場企業の負債比率平均は 159.52%[8]) ことが挙げられる. 理論的には, ROE は総資本 (総資産) に占める負債の割合が大きいほど高く計算される[9]. たとえば, サンプル期間中に ROE のもっとも高かった, 2008 年度のマリーンズの負債比率は 4,917.61% と, 平均を大きく超えており, これが ROE を高めた要因であると考えられる. さらに, 総資本 (総資産) に占める負債の割合が高いうえ, そのほとんどが流動負債 (たとえばマリーンズの場合, 2,941 千円の負債のうち, 流動負債は 2,656 千円である) であり, その原資は親会社からの借り入れであることが推測される (根拠, 理由は後述).

　このように, 高い負債比率に阻害され, 必ずしも適切に企業の収益性を測れない可能性がある ROE よりも, この場合は ROA を見たほうがよい[10].

　ROA に注目すると, ライオンズの 2006 年およびファイターズの 2012 年が突出している. この年は折しも, 松坂投手およびダルビッシュ投手がポスティングによりメジャーリーグのチームへ移籍した年である. その移籍金はそれぞれ 6,040 百万円, 4,017 百万円であり[11], これが業績に与えるインパク

---

8)　上場企業のデータは, 日本政策投資銀行 (2014) から得た (以下同). なお, 集計対象企業は, 東京, 名古屋の 2 証券取引所一部, 二部いずれかに上場している企業のうち, 11 年以上上場している 1,731 社である.

9)　ROE を分解すると, (当期純利益／総収益×100)×(総収益／総資本)×(総資本／自己資本) となる.

10)　ちなみに, 2013 年度の日本の金融・保険業を除く上場企業の ROA 平均は 3.14%, ROE 平均は 8.47% である.

11)　各社有価証券報告書より.

表8-5　総資産当期純利益率（ROA）の推移

[パ・リーグ]

年度	2005	2006	2007	2008	2009	2010	2011	2012	2013	平均
ホークス	2.30	-0.59	0.77	0.66	18.44	6.21	9.22	3.13	3.46	4.84
ファイターズ		24.62	34.75	5.90	10.67	3.52	11.45	47.90	3.96	17.85
マリーンズ		-0.84	0.00	3.28	1.76	0.18	-0.10	-0.16	-0.11	0.50
ライオンズ	1.63	73.62	-28.42	-3.20	-0.96	-0.24	4.28	17.55	24.05	9.81
バファローズ	0.00			0.00	0.00	0.00	0.00	0.00	0.00	0.00
イーグルス	-0.40	0.25	-0.26	-2.30	-0.04	-0.11	-0.34	-0.01	0.38	-0.31

[セ・リーグ]

年度	2005	2006	2007	2008	2009	2010	2011	2012	2013	平均
スワローズ	16.27		1.95	2.65	2.83	0.95	-0.08	-0.01	-4.08	-1.39
タイガース			0.36	4.60	6.89	4.82	1.56	0.92	6.74	4.23
カープ							3.55	4.29	4.38	4.13
ベイスターズ		0.10	0.15	0.04	-22.38	0.04	0.00	-3.92	-1.14	-3.39

出所：表8-5, 8-6 ともに筆者作成.

表8-6　自己資本当期純利益率（ROE）の推移

[パ・リーグ]

年度	2005	2006	2007	2008	2009	2010	2011	2012	2013	平均
ホークス	73.13	-15.27	19.28	4.30	50.67	12.04	14.93	4.75	5.03	18.76
ファイターズ				27.26	37.30	9.64	26.03	94.45	6.35	33.50
マリーンズ		-24.58	-0.08	201.95	60.52	4.87	-2.81	-4.76	-3.45	28.96
ライオンズ	11.59			-5.54	-1.89	-0.45	7.85	30.99	39.79	11.76
バファローズ	0.00			0.00	0.00	0.00	0.00	0.00	0.00	0.00
イーグルス	-2.91	3.06	-4.21	-46.43	-0.98	-2.68	-8.32	-0.14	9.80	-5.87

[セ・リーグ]

年度	2005	2006	2007	2008	2009	2010	2011	2012	2013	平均
スワローズ	24.01		4.81	7.11	7.50	2.41	-0.13	-0.02	-6.91	-2.36
タイガース			0.73	9.03	14.70	9.72	3.91	2.22	15.70	8.46
カープ							6.24	7.32	7.10	7.83
ベイスターズ		0.23	0.30	0.07	-46.38	0.12	0.00	-15.65	-5.19	-8.31

トが大きかったとみられる．ただし，2013年オフからの新制度では，日本球団に対して支払う譲渡金に2,000万ドル（約2,200百万円）という上限が設けられたので，今後の影響は限定的と考えられる．

　また，球団別では，ほぼ毎期，中央値を超えるROAが算出されるホークス，ファイターズ，ライオンズ，タイガース，カープと，それ以外の球団の二極化が見て取れる[12]．

4.2　安全性の分析

　表8-7は流動比率，表8-8は負債比率，表8-9は固定長期適合率の球団別，年度別の推移をそれぞれ示したものである．なお，流動比率については中央値を超えた（相対的に安全性が高い）値のセルを，負債比率と固定長期適合率については中央値を下回った（相対的に安全性が高い）値のセルを，それぞれ網掛けしている[13]．

　まず，短期の安全性を測る流動比率は，近年ではファイターズ，ライオンズ，スワローズ，タイガース，カープが高い．他方で，流動比率が10％台の球団も散見されるが，一般企業でこの比率だと，倒産可能性が限りなく高いことになる．

　また，長期の安全性を測る負債比率と固定長期適合率は，若干ばらつきはあるが，ファイターズ，ライオンズ，バファローズ，スワローズ，タイガース，カープが中央値より良い値となっている[14]．前述のように，プロ野球球団の負債比率は一般企業と比べて明らかに高い平均値を示しているが，中央値については一般企業平均よりも低い．ここから，極端に負債比率が悪いサンプル値が平均値を高めていることが推測される．事実，球団別の負債比率と固定長期適合率の平均値を見ると，安全性の高い球団と低い球団で二極化

---

12)　バファローズについては，2005年度から一貫して利益がゼロであるが，この原因は不明である．

13)　ちなみに，2013年度の日本の金融・保険業を除く上場企業の流動比率平均は141.50%，固定長期適合率平均は85.19%である．

14)　バファローズの負債比率が高く，固定長期適合率が極端に低い理由は，固定資産をほとんど所有していないためである（たとえば2014年3月期は，総資産に占める固定資産の割合は7.40%）．

表 8 - 7 　流動比率の推移

【パ・リーグ】

年度	2004	2005	2006	2007	2008	2009	2010	2011	2012	2013	平均
ホークス	14.71	99.50	125.58	10.75	13.39	20.37	19.79	37.61	40.47	271.32	65.35
ファイターズ		9.97	25.02	54.96	60.00	85.24	92.18	117.61	184.93	314.17	104.90
マリーンズ	93.95	94.03	52.00	54.62	58.22	61.69	72.16	65.99	60.84	64.59	67.81
ライオンズ	64.39	59.17	159.82	167.03	123.23	138.16	147.83	162.33	191.10	214.73	142.78
バファローズ	116.59	189.60	175.37	200.45	209.13	170.76	152.30	57.11	54.93	54.93	138.12
イーグルス	16.03	16.50	11.12	19.47	17.09	17.38	16.76	21.78	26.88	41.55	20.45

【セ・リーグ】

年度	2004	2005	2006	2007	2008	2009	2010	2011	2012	2013	平均
スワローズ							275.96	188.63	235.54	214.31	228.61
タイガース	686.74	335.89		162.76	166.88	173.06	172.61	178.37	178.88	174.87	247.78
カープ			99.62	107.07	109.64	92.69	113.46	123.40	131.21	153.92	116.38
ベイスターズ		70.17	74.77	79.21	96.12	53.06	75.33	55.55	82.83	57.54	71.62

出所）表8-7～8-9 いずれも筆者作成.

表 8 - 8 　負債比率の推移

【パ・リーグ】

年度	2004	2005	2006	2007	2008	2009	2010	2011	2012	2013	平均
ホークス	4,946.53	2,214.61	2,819.79	2,091.23	271.98	116.78	73.55	51.70	52.13	38.55	1,267.69
ファイターズ				456.88	289.12	222.45	130.27	125.10	87.13	35.23	192.31
マリーンズ	928.36	1,498.10	7,791.65	7,837.51	4,917.61	2,498.65	2,623.45	2,818.60	2,872.17	3,129.59	3,691.57
ライオンズ	806.15	437.27	115.44	46.24	101.31	93.43	84.38	82.62	72.22	60.57	189.96
バファローズ	1,979.35	2,006.52	1,878.26	1,891.30	1,652.17	1,127.17	1111.96	2,017.39	2,184.78	2,250.00	1,809.89
イーグルス	430.70	833.12	1,455.79	1,587.47	2,448.92	2,358.91	2251.76	2,496.17	2,409.12	2,599.61	1,887.16

【セ・リーグ】

年度	2004	2005	2006	2007	2008	2009	2010	2011	2012	2013	平均
スワローズ							59.14	83.11	63.79	75.43	70.37
タイガース	31.36	60.51		160.57	176.35	153.97	155.05	144.61	137.15	129.22	127.64
カープ			105.06	97.17	95.79	128.74	76.87	74.14	67.27	57.34	87.80
ベイスターズ		125.19	111.43	100.00	82.71	146.46	242.81	156.35	466.43	239.05	185.60

表8-9 固定長期適合率の推移

[パ・リーグ]

年度	2004	2005	2006	2007	2008	2009	2010	2011	2012	2013	平均
ホークス	3,795.65	100.12	95.52	1,860.58	328.57	191.78	158.70	132.25	126.30	43.87	683.33
ファイターズ		85.72	72.54	58.88	62.19	48.67	55.18	41.61	17.75	27.13	52.18
マリーンズ	96.39	113.48	791.12	748.25	650.85	512.62	445.11	285.72	331.64	389.21	436.44
ライオンズ	8.61	6.80	30.94	69.01	76.92	65.12	60.80	48.88	34.60	30.92	43.26
バファローズ	37.06	29.98	26.26	19.43	11.54	12.67	10.94	6.98	7.90	7.40	17.02
イーグルス	381.47	795.66	332.19	343.84	415.96	466.74	535.87	525.34	625.87	818.94	524.19

[セ・リーグ]

年度	2004	2005	2006	2007	2008	2009	2010	2011	2012	2013	平均
スワローズ							37.43	44.25	41.84	45.59	42.28
タイガース	27.22	20.16		31.26	19.76	23.10	20.51	14.90	14.12	15.75	20.75
カープ			86.38	84.76	90.92	79.26	75.06	77.85	76.53	70.89	80.21
ベイスターズ		129.29	121.76	116.07	102.45	145.63	143.38	147.11	159.38	169.78	137.21

していることがわかる.

4.3　収益性の悪い球団と安全性の悪い球団はなぜ一致するか？

　収益性についても安全性についても,財務指標が良い球団と悪い球団が概ね一致していることがわかる.

　安全性の高い球団は,自社が稼いだ利益をストックして,それを元手に新たな利益を上げるという好循環を維持しているものと思われる.一方,安全性が低い企業は,とりもなおさず負債の比率が大きいのであるが,それらの球団の新たな資金調達は,ほとんどが主に流動負債で賄われている.流動負債の内容は開示されていないが,大部分は親会社からの借入金である可能性が高い.

　この根拠として,下の法人税法令解釈通達（1954）が挙げられる.

法人税　法令解釈通達

昭和 29 年 8 月 10 日

職業野球団に対して支出した広告宣伝費等の取扱について

　映画,新聞,地方鉄道等の事業を営む法人（以下「親会社」という.）が,自己の子会社である職業野球団（以下「球団」という.）に対して支出した広告宣伝費等の取扱を,左記のとおり定めたから,これにより取り扱われたい.（中略）

一.親会社が,各事業年度において球団に対して支出した金銭のうち,広告宣伝費性質を有すると認められる部分の金額は,これを支出した事業年度の損金に算入するものとすること.

二.親会社が,球団の当該事業年度において生じた欠損金（野球事業から生じた欠損金に限る.以下同じ.）を補てんするため支出した金銭は,球団の当該事業年度において生じた欠損金を限度として,当分のうち特に弊害のない限り,一の「広告宣伝費の性質を有するもの」として取り扱

うものとすること.

　　右の「球団の当該年度において生じた欠損金」とは,球団が親会社から
交付を受けた金銭の額および各事業年度の費用として支出した金額で,税
務計算上損金に算入されなかつた金額を益金に算入しないで計算した欠損
金をいうものとすること.

三.親会社が,各事業年度において球団に対して支出した金銭を,貸付金
　　等として経理をしている場合においても,当該支出金が二に該当するこ
　　とが明らかなものである場合においては,当該支出をした日を含む事業
　　年度の損金に算入するものとすること.

四.親会社が,この通達の実施の日(昭和 29 年 8 月 10 日)前の各事業年
　　度において,球団に対して支出した金銭を貸付金等として経理している
　　ものについて,じ後の各事業年度においてその一部を償却したときは,
　　球団の当該事業年度において生じた欠損金を限度として,当該償却金額
　　を,その償却をした日を含む事業年度の損金に算入するものとすること.

　これは,国税庁が公布した通達で,球団を持つ親会社から球団への金銭的
支援を税制上広く認めるものである.これを要約すると,親会社が,各事業
年度において球団に対して支出した金銭のうち,欠損塡補および貸付金に該
当するものを税務上,損金算入できる.すなわち,親会社は球団に資金を貸
し付けることで,自社が支払う税金を節約できるのである.このメリットが
手伝って,安全性の低い球団は主に,親会社からの借り入れによって資金を
調達していると考えられる.したがって,球団は流動比率が低くとも倒産危
機とは無縁なのであろう[15].

　安全性の低い球団は概ね,収益性も低いことを考えると,この通達が独立
採算への意欲を削いでいると見ることもできよう[16].

---

15)　ちなみにサンプル期間中,払込資本(資本金＋資本剰余金)を増加させたのは,全
　　サンプルの中で 2009 年度のホークスのみであった.
16)　追加分析として,チーム成績がどの程度,球団経営と関連があるのかについても,
　　あわせて検討した.直観的にはチーム成績が良ければ観客動員数も上がり,収益性は
　　よくなると考えられる.そこで,そのような関係が成立するかを検証するため,サン

5. 球団経営の現状と，将来のために今すべきこと

5.1 変わっていない球団もあれば，変わった球団もある

　本章では，いわゆる球界再編問題を経て，プロ野球球団の経営はどのように変わった，もしくは変わっていないかについて，球団が公表している貸借対照表をもとに検討した．その結果は，以下の通りである．

　①一部ではあるが，『官報』に財務内容が公表されるようになってきた．
　②赤字体質から脱却している球団が多い．一方で，未だに恒常的に赤字を計上している球団も散見される．
　③ポスティングによる移籍金が業績に与えるインパクトが大きかったが，新制度導入により移籍金に上限が設定されたため，今後の影響は限定的である．
　④親会社の借り入れに依存していると推測される球団と，自社の資本（留保利益）をもとに経営している球団に分けられそうである．前者の企業は収益性が総じて低い．
　⑤親会社の借り入れに依存していると推測される球団については，法令解釈通達による損金算入のメリットが，独立採算経営の意欲を削いでいる可能性がある．
　⑥唯一，親会社をもたないカープは，収益性も安全性も，ほぼ毎期，中央値を上回っている．

　ところで，これまでのプロ野球球団について，西崎（2015, 7頁）によると，「親会社の広告宣伝，業務拡大のために存在」していたという．たしか

プル期間の各球団の勝率とROAの相関関係を分析した（勝率のデータは日本野球機構オフィシャルサイトから採取した）．その結果，両者の相関係数は0.420であり，統計的な関連性が示された．一方，安全性については，流動比率は0.169，負債比率は0.061，固定長期適合率は−0.039と，どれも収益性の指標と比較して，その関係性は弱かった．これらの結果から，少なくとも収益性の高さは，そのチームの強さと関係していそうである．

に，球団経営単体では赤字が出ようが，広告宣伝効果を考えれば十分という親会社ばかりであれば，敢えて独立採算へ努力する必要はないとも考えられる．

しかし，2004年の球界再編問題を思い出してほしい．この年，大阪近鉄バファローズとその親会社の近畿日本鉄道が慢性的な赤字に陥っており，球団消滅の危機に直面した．そこで救済に名乗りをあげたのがオリックスブルーウェーブであり，この2球団は統合を発表した．これにより事態は収束するかに見えたが，野球協約は，1球団の支配下選手を70名以下と定めているので，統合が実施されると70名の選手が路頭に迷うことになる．このことから，選手会と経営者との間にコンフリクトが生じ，ストライキに発展した（大坪 2011）．

この一連の問題から学ぶことは，球団が赤字を出し続けていると，いざ親会社が危機に瀕した時，その存続自体が危ぶまれ，ひいてはわれわれファンの楽しみまで奪われてしまいかねない，ということである．したがって，独立採算は親会社だけでなく，特定の球団・選手を応援するわれわれにとっても重要な課題である．

そこで本章で，近年の球団経営について貸借対照表をもとに概観した結果，親会社からの借り入れに依存せず，自社が稼いだ利益を元手に運営している，いわゆる独立採算に向かっている球団も複数，観察された．その意味で，本章で最初に設定した問いに答えるとすれば，「変わっていない球団もあれば，変わった球団もある」ということになろう[17]．

5.2　より詳しい財務内容の開示が必要

さて，今回のリサーチでは，プロ野球球団の財務内容が一部，開示されて

---

17) 「変わっていない球団」については，前述のように法令解釈通達によるメリットが変化を妨げる要因の一つになっていると考えられる．福田（2011, 156頁）によると，法令解釈通達は，「NPBや各球団の経営能力向上という面からみると，NPB全体における野球ビジネスの成長を阻害する大きな要因としての側面も持つ」という．なぜならば，税の支払いを軽減させたいと考える親会社であれば，球団を黒字にするインセンティブをもたないからである．また，他の投資に回せば，より高い収益を得られる可能性があるにもかかわらず，資金を球団へ貸し付けることで税の軽減を企図することも考えられることから，親会社の効率的な経営を阻害する要因にもなりかねない．

いることがわかったが，それでもどのような原因で利益をあげたかを示す損益計算書の開示については 1 球団もなされていない[18]．

　これに関して，毎期黒字であるファイターズが 2015 年 11 月 22 日の公開ミーティングにおいて，「07 年から黒字に転換したが，親会社からの約 30 億円の広告宣伝費を除くと 12 年以外は赤字である」と説明している（『毎日新聞』2015 年 12 月 1 日夕刊）．これに基づくと，少なくともファイターズは親会社からの補塡額を損益計算書に計上していることが示唆され，本章で「自社の資本（留保利益）をもとに経営している」と分類した球団のうちいくつかは，実質的に親会社に依存している可能性があることに注意しなければならない．すなわち，球団が本当に独立採算であるかどうかは，損益計算書が開示されないと窺い知ることはできないのである．

　一方，日本のプロ野球球団とよく比較されるのがアメリカのメジャーリーグの球団であるが，ここでも詳細な情報の開示義務はない（鈴村 2007）．ただし，アメリカの経済誌『フォーブス』では，ホームページで各球団の収益・費用・営業利益など，簡単にではあるが損益計算書の情報を毎年，掲載している[19]．このように，「実質的に」損益項目が開示されているアメリカと比べると，日本はやや遅れていると言わざるを得ない．

　プロ野球球団のステークホルダーが親会社（株主）のみであれば，詳しい財務内容は連結グループ内でシェアすることでよかろう．しかし，ステークホルダーには，親会社だけでなく，われわれファンも含まれる．

　たとえば筆者の場合，マツダスタジアムに入場してかかる料金は，チケット代約 4,000 円，生ビール 3 杯に 2,100 円，カープうどん全部のせに 700 円，鈴木誠也選手のハイクオリティユニフォームなどのグッズに 10,000 円の，計 17,000 円ほどである．これを年に数回（他球場も含むが），それに加えて試合が放映されている有料チャンネルに毎月約 4,500 円を支払っている．

　もちろん，ヘビーなファンからライトなカープ女子までおり，筆者の例が

---

18)　各球団の親会社の有価証券報告書にアクセスしたが，財務情報も含めた球団に関する記述がほとんどないケースが大部分を占めた．この原因として，親会社から見れば「球団子会社は売上規模が小さい」（西崎 2015，5 頁）ことが考えられる．

19)　http://www.forbes.com/mlb-valuations/

どこまで一般化されるかはわからない．しかし，球団のために安くない額を払っているステークホルダーへ，自身が支払ったおカネをどのように使ったのか報告する義務を果たすため，より詳細な会計報告書の開示が求められよう．これにより，球団はできる限り永く球団が存続することを願う人たちからのチェックを受けられ，球団とファンの共存共栄が期待できるのである．

参考文献

大坪正則（2011），『パ・リーグがプロ野球を変える――6球団に学ぶ経営戦略』朝日新書．

鈴村裕輔（2007），『メジャーリーグに日本人選手が溢れる本当の理由』青春出版社．

辻峰男（2014），「安全性の分析」新田忠誓・善積康夫・辻峰男・木村晃久・中村亮介・木村将之『実践財務諸表分析――財務諸表の読み方と分析法』中央経済社，51-67頁．

西崎信男（2015），『スポーツマネジメント入門――プロ野球とプロサッカーの経営学』税務経理協会．

新田忠誓［編］（2015），『全商会計実務検定試験テキスト財務諸表分析（6訂版）』実教出版．

日本政策投資銀行設備投資研究所［編］（2014），『産業別財務データハンドブック2014年版』日本経済研究所．

福田拓哉（2011），「わが国のプロ野球におけるマネジメントの特徴とその成立要因の研究――NPBの発足からビジネスモデルの確立までを分析対象に」『立命館経営学』第49巻6号，135-159頁．

法人税法令解釈通達（1954），「職業野球団に対して支出した広告宣伝費等の取扱について」．

堀治喜（2012），『「マツダ商店（広島東洋カープ）」はなぜ赤字にならないのか？』文工社．

宮本勝浩・田口順等（2005），「プロ野球産業の経営分析」『経済学雑誌』（大阪市立大学）第106巻3号，34-56頁．

善積康夫（2014），「収益性の分析」新田忠誓・善積康夫・辻峰男・木村晃久・中村亮介・木村将之『実践財務諸表分析――財務諸表の読み方と分析法』中央経済社，35-50頁．

脇村春夫（2014），「日本のプロ野球における3人の「企業家個人オーナー」――田村駒治郎・高橋龍太郎・松田恒次」市川文彦・脇村春夫・廣田誠・田中彰・澤野雅彦・岡部芳彦・田中理恵『スポーツの経営史――その多様なアプローチを目指して』関西学院大学出版会，13-20頁．

あとがき

　最後に，本書が生まれた経緯について書いておきたい．本書の執筆者のうち，水野，石田，戸石，稲水，坂平，中村（つまりマーケティングとマネジメントの部の執筆者）は，年に数回，神宮球場で広島東洋カープを応援する仲間であった．なぜお互いがそのような関係になったかについては，話が長くなるので省略する．

　このなかには広島出身者もそうでない者もおり，年齢の幅もあるが，全員が大学または企業で社会科学的な研究を行っているという共通点があった．そこであるとき，各人の専門を生かしてプロ野球に関する研究をしてはどうかという話になった．その結果，それまでは球場か居酒屋でしか会わなかったメンバーが研究会で会うようになった．

　研究成果を最初に発表したのは，2014 年の統計関連学会連合大会・特別セッション「スポーツビジネスの計量分析」においてであった．そのセッションには，社会心理学の立場からすでにプロ野球ファンの心理について研究を進めていた三浦も参加した．三浦は生粋の阪神ファンであるが，阪神ファンは巨人ファン以外に同胞意識をもちやすい．水野・石田が進めていたファン調査に三浦が助言するなど，研究上の交流が始まった．

　三浦は生粋の関西人でもあるので，在京のカープファンのように凝集性の高いマイノリティ集団には属していない．共著者である稲増は特定球団のファンではない．その後，書籍として成果を世に問うことになった際には，すでにカープファンを被験者とする心理実験を行っていた中西が執筆者に加わった．中西は広島の大学に勤務しており，カープファンは格好の研究対象であったが，本人がカープファンであるわけではない．

　こうして社会心理学者 3 人が参加することで，本書がカバーする学問的視野が広がるだけでなく，応援球団の偏りが多少とも緩和されたといえる．い

ずれにしろ不思議な縁の重なりによって，ふつうなら接点がなさそうな研究者によるコラボレーションが実現した．その最大の要因は，プロ野球の「熱狂」という現象の面白さであると思われる．

このように形成された研究上のネットワークは，読者も取り込んで今後さらに成長・発展していくものと期待したい．本書のタイトルにある経営科学という観点からすれば，球団経営のトップマネジメントから現場で展開されるマーケティング施策まで，掘り下げるべきテーマは多数ある．熱狂の心理を深く掘り下げることから，いわゆる「ビッグデータ」を分析して何らかのパターンを見つけ出すことまで，経営科学を超えた研究課題もある．

本書が編纂されるまでに，様々な個人や組織のお世話になった．1〜3章で用いられたデータの収集は吉田秀雄記念事業財団の研究助成で可能になった．記して感謝したい．学会発表時にコメントをいただいた方々，とりわけ非公式の指定討論者をお願いした慶應義塾大学の星野崇宏氏，選手データの収集に協力した明治大学商学部水野誠ゼミの学生諸君，インタビューで体験を語ってくれた複数のプロ野球ファンの皆様，そして本書の出版に尽力いただいた東京大学出版会の大矢宗樹氏にも謝意を表したい．

2016 年 6 月

水 野　　誠
三 浦 麻 子
稲 水 伸 行

索　引

あ　行

IOS 尺度　　98
愛着　　101, 102, 124
後知恵バイアス　　119
（クロンバックの）α 係数　　79
安全性の分析　　215, 217
一般交換　　148
一般互酬仮説　　140
エヴァンジェリスト（伝道師）　　51
応援開始時期　　36-38
応援開始前の状況　　38-40
オッズ比　　83, 84, 182

か　行

カーブ女子　　10, 11, 14, 15, 34, 112,
　　226
回帰分析　　76
会計報告書　　28, 212, 227
カイヨワ　　70-72, 74, 76-80, 86
　　──の「遊び」の分類　　70, 71, 73,
　　74, 77, 79, 80, 86
　　──の「遊び」の理論　　21
価値共創　　73, 87
感情温度　　20, 44-48, 53, 116, 127
球場消費　　51-54
球団応援行動　　48-50
球団応援理由　　42-44
球団のパーソナリティ→　パーソナリティ
球団・ファン・選手の三者関係　　64,
　　65
凝集性　　149
居住地　　40-42

グッズ購入　　52-54
構造方程式モデリング　　99, 102
後天的ファン→　ファン
行動的ロイヤルティ→　ロイヤルティ
顧客維持　　36
顧客獲得　　36
互酬仮説→　一般互酬仮説
固定資産　　216, 219
固定長期適合率　　216, 219, 224
固定負債　　216
コンピューター・シミュレーション
　　27, 188, 189, 191

さ　行

財務分析　　28, 212, 214, 215
自己資本　　215-217
自己資本当期純利益率（ROE）　　215-
　　217
自己適合性　　22, 91, 95, 96, 98-100,
　　103
実況中継視聴メディア　　50
資本剰余金　　223
社会心理学　　3, 23, 25, 112
社会的アイデンティティ　　112, 135
　　──理論　　137
周囲の応援環境　　40-42
収益性の分析　　215, 217
重回帰分析　　18, 59, 60, 116, 127
集団力学（グループ・ダイナミックス）
　　24, 133, 134
主成分分析　　77
ステークホルダー　　28, 226, 227
セイバーメトリクス　　3, 156, 185

選手の人気　　55-58
選手のパーソナリティ→　パーソナリティ
選手の魅力　　62, 63
選手のライフコース　　26, 156, 160
選手への応援行動　　62, 63
先天的ファン→　ファン
総資産　　215, 217
総資産当期純利益率（ROA）　　215-
　　217, 219, 224
総資産利益率　　212
損益計算書　　212, 226
損金算入　　223, 224

た　行

対応のある差の t 検定　　48
貸借対照表　　212-214, 216, 224, 225
態度的ロイヤルティ→　ロイヤルティ
多項ロジスティック回帰分析（多項ロジッ
　　トモデル）　　39, 48, 80, 81, 157,
　　179
チームプロセス　　188, 189
超高関与　　1
ツイート　　15-18
Twitter　　15, 17
データサイエンス　　23
デモグラフィー　　185, 187-191
デモグラフィクス　　80, 81
当期純利益　　214, 215, 217
トップ・マネジメント・チーム　　187

な　行

内集団　　111
　　──ひいき　　136

は　行

パーソナリティ
　　球団の──　　20, 22, 59-61, 67
　　選手の──　　20, 22, 58-62, 67

拝金主義的価値観　　125
ハイダーのバランス理論　　20, 64, 67
ハッシュタグ　　17
払込資本　　223
反転項目　　75
Big Five　　20, 58
ファン
　　先天的──　　20, 36, 38, 66
　　後天的──　　20, 36, 38, 66
　　ヘビーな──　　34, 226
　　ライトな──　　34, 226
ファン心理　　24, 112
負債比率　　215-217, 219, 224
ブランド・ラブ　　22, 91, 93-97, 99-
　　104
　　──尺度　　98
分類　　72
ヘビーなファン→　ファン

ま　行

マイクロ＝マクロ・ダイナミックス
　　134

ら　行

ライトなファン→　ファン
ライフコース→　選手のライフコース
流動資産　　215
流動比率　　215, 219, 223, 224
流動負債　　215, 217, 222
留保利益　　224
ロイヤルティ　　21, 67, 91, 92, 95
　　行動的──　　92, 93
　　態度的──　　92, 93
ロジスティック回帰　　50, 63

アルファベット

AIDEES　　2
ROA→　総資産当期純利益率

ROE→　自己資本当期純利益率

Simple theory　189

TMT　187

編者・執筆者紹介

[編　者]

水野　誠（みずの　まこと）　序章，第1章，第2章
明治大学商学部教授．専門はマーケティング．2000年，東京大学大学院経済学研究科博士課程単位取得退学．博士（経済学）．

〈主要業績〉

『マーケティングは進化する——クリエイティブな Market+ing の発想』同文舘出版，2014年．

「ロングテール・ビジネスモデル——アマゾン成功の秘密」青木正直・青山秀明・有賀裕二・吉川洋［監修］『50のキーワードで読み解く経済学教室——社会経済物理学とは何か？』所収，東京図書，2011年．

"How Consumer-Generated Advertising Works: An Empirical Agent-Based Simulation," in: Shu-Heng Chen, Takao Terano, Ryuichi Yamamoto, and Chung-ching Tai (eds.), *Advances in Computational Social Science The Fourth World Congress*, Springer Verlag, 2014.

㊙大阪で生まれ育つものの，1975年の初優勝以来のカープファンです．

三浦麻子（みうら　あさこ）　第4章
関西学院大学文学部教授．専門は社会心理学．1995年，大阪大学大学院人間科学研究科博士後期課程中退．博士（人間科学）．

〈主要業績〉

「インターネット」北村英哉・内田由紀子［編］『社会心理学概論』所収，ナカニシヤ出版，2016年．

「批判的思考と意思決定——投票行動を例に」楠見孝・道田泰司［編］『批判的思考と市民リテラシー——教育，メディア，社会を変える21世紀型スキル』所収，誠信書房，2016年．

『人文・社会科学のためのテキストマイニング〔改訂新版〕』松村真宏との共著，誠信書房，2014年．

㊙物心ついた頃からの阪神ファン．好不調の波に苛まれる自分の心理を楽しんでいます．

稲水伸行（いなみず　のぶゆき）　第7章
筑波大学ビジネスサイエンス系准教授．専門は，経営学・組織論．2008年，東京大

学大学院経済学研究科博士課程単位取得退学．博士（経済学）．

〈主要業績〉

『流動化する組織の意思決定──エージェント・ベース・アプローチ』東京大学出版
　　会，2014年．

「経営組織のコンピューター・シミュレーション──J. G. March系組織理論の発展の
　　系譜」組織学会［編］『組織論レビューII──外部環境と経営組織』所収，白桃
　　書房，2013年．

"Garbage Can Code: Mysteries in the Original Simulation Model," *Annals of Business
　　Administrative Science*, Vol. 14(1), pp. 15-34, 2015.

⑭熱狂現象に関心を持つ，広島生まれの熱しやすく冷めやすいカープファン．

［執筆者］（掲載順）

石田大典（いしだ　だいすけ）　第3章

帝京大学経済学部講師．専門はマーケティング．2011年，早稲田大学大学院商学研
究科博士後期課程単位取得退学．

〈主要業績〉

「先行型市場志向と反応型市場志向がパフォーマンスへ及ぼす影響──メタアナリシ
　　スによる研究成果の統合」『流通研究』第17巻3号，13-37頁，2015年．

「顧客志向が新製品パフォーマンスと企業価値へ及ぼす影響」『マーケティングジャー
　　ナル』第33巻2号，49-64頁，2013年．

「苦情対応と公正知覚が顧客満足に及ぼす影響──メタアナリシスによる研究成果の
　　統合」『消費者行動研究』第17巻1号，1-29頁，2010年．

⑭生まれも育ちも広島県であり，物心ついたころよりのカープファン．

稲増一憲（いなます　かずのり）　第4章

関西学院大学社会学部准教授．専門は社会心理学．2013年，東京大学大学院人文社
会系研究科博士課程修了．博士（社会心理学）．

〈主要業績〉

『政治を語るフレーム──乖離する有権者，政治家，メディア』東京大学出版会，
　　2015年．

「世論とマスメディア」平野浩・河野勝［編］『〔新版〕アクセス日本政治論』所収，
　　日本経済評論社，2011年．

「「自由」なメディアの陥穽──有権者の選好に基づくもうひとつの選択的接触」三浦
　　麻子との共著，『社会心理学研究』第31巻3号，172-183頁，2016年．

⑭特定の球団に対する愛着は持たないが，なぜか巨人だけは応援してはいけないと
　　思っている．

草川舞子（くさかわ　まいこ）　第 4 章
2015 年，関西学院大学社会学部卒業．
〈主要業績〉
「広島東洋カープのファン心理──なぜ今広島東洋カープが人気なのか」関西学院大
　　学 2014 年度卒業論文．
㊊広島市に生まれ高校まで広島で過ごす．関西での大学生活を経て，現在も広島市
　　在住．生粋のカープファン．

中西大輔（なかにし　だいすけ）　第 5 章
広島修道大学人文学部教授．専門は社会心理学．2003 年，北海道大学大学院文学研
究科単位取得退学．博士（文学）．
〈主要業績〉
「集団間葛藤時における内集団協力と頻度依存傾向──少数派同調を導入した進化シ
　　ミュレーションによる思考実験」横田晋大との共著，『社会心理学研究』第 31 巻
　　3 号，193-199 頁，2016 年．
『あなたの知らない心理学──大学で学ぶ心理学入門』今田純雄との共編，ナカニシ
　　ヤ出版，2015 年．
“Believability of Secondhand Social Versus Ecological Information in the Presence of
　　Contradictory Firsthand Experience,” with Yohsuke Ohtsubo, *Journal of Evolu-
　　tionary Psychology*, Vol. 7(2), pp. 157-166, 2009.
㊊北海道から移住した広島に巨人ファンの居場所はなく当地では大人しくカープを
　　応援．

戸石七生（といし　ななみ）　第 6 章
東京大学大学院農学生命科学研究科講師．専門は農村社会史・農業史．2007 年，東
京大学大学院農学生命科学研究科博士課程修了．博士（農学）．
〈主要業績〉
「近世日本の家・村・百姓様式──相模国大住郡横野村における家数の固定について」
　　『比較家族史研究』第 30 巻，124-150 頁，2016 年．
「近世後期西川地域における生業の分析──武蔵国秩父郡上名栗村古組宗門改帳にお
　　ける農間稼」『林業経済』第 66 巻 3 号，1-17 頁，2013 年．
「近世南関東の養子慣行──秦野市旧横野村宗門改帳と明治戸籍の分析を中心に」『農
　　業史研究』第 37 号，77-85 頁，2003 年．
㊊広島県広島市で生まれたのでカープファン歴＝年齢です．アマチュア野球も好き
　　です．

坂平文博（さかひら　ふみひろ）　第 7 章

株式会社構造計画研究所創造工学部．専門は社会シミュレーション，エージェントベースモデリング．2007 年，名古屋大学大学院情報科学研究科博士後期課程単位取得退学．

〈主要業績〉

「弥生農耕文化の「主体」は誰だったか？——人類学・考古学へのエージェントベースシミュレーションの適用」寺野隆雄との共著，『コンピュータ ソフトウェア』第 31 巻 3 号，97-108 頁，2014 年．

『artisoc で始める歩行者エージェントシミュレーション——原理・方法論から安全・賑わい空間のデザイン・マネジメントまで』兼田敏之［代表編者］における執筆，書籍工房早山，2010 年．

"Rewinding the Dynamics Between Two Japanese Ancient Descents: What Would Happen from the Jomon to the Yayoi Periods in Japan," with Takao Tarano, *Proceedings of Simulating the Past to Understand Human History, Social Simulation Conference 2014, Barcelona.*

⊕子供の頃はブレーブスのファンで，その後は 1984 年に日本シリーズで対戦したカープのファンです．

中村亮介（なかむら　りょうすけ）　第 8 章

筑波大学ビジネスサイエンス系准教授．専門は会計学．2009 年，一橋大学大学院商学研究科博士後期課程修了．博士（商学）．

〈主要業績〉

「日米比較からみる財務制限条項の現状と課題」河内山拓磨との共著，『企業会計』第 67 巻 6 号，61-67 頁，2015 年．

『実践財務諸表分析——財務諸表の読み方と分析法』新田忠誓・善積康夫・辻峰男・木村晃久・木村将之との共著，中央経済社，2014 年．

「提携型ポイントプログラム会計の実証分析」大雄智・岡田幸彦との共著，『会計プログレス』第 13 号，73-85 頁，2012 年．

⊕妻の実家が尾道にあることから，広島東洋カープのファンになる．好きな選手は鈴木誠也・菊池涼介・堂林翔太．

プロ野球「熱狂」の経営科学
ファン心理とスポーツビジネス

2016 年 8 月 10 日　初　版

［検印廃止］

編　者　水野　誠・三浦麻子・稲水伸行

発行所　一般財団法人　東京大学出版会

代表者　古田元夫

153-0041　東京都目黒区駒場 4-5-29
電話　03-6407-1069　Fax 03-6407-1991
振替　00160-6-59964
http://www.utp.or.jp/

印刷所　株式会社三秀舎
製本所　牧製本印刷株式会社

© 2016 Makoto Mizuno *et al.*
ISBN 978-4-13-040277-4　Printed in Japan

稲水伸行	著	流動化する組織の意思決定 エージェント・ベース・アプローチ	A5・7000 円
高橋伸夫	著	日本企業の意思決定原理 ［オンデマンド版］	A5・3800 円
丹羽　清	著	イノベーション実践論	A5・2600 円
内藤　耕	編	サービス工学入門	A5・3500 円
中原　淳	著	経営学習論 人材育成を科学する	A5・3000 円
木田　悟 髙橋義雄 藤口光紀	編	スポーツで地域を拓く	A5・3000 円
堀　繁 木田　悟 薄井充裕	編	スポーツで地域をつくる	A5・3200 円
マイケル・A・ ウェスト　著 下山晴彦　監修 高橋美保　訳		チームワークの心理学 エビデンスに基づいた実践へのヒント	A5・2800 円

ここに表示された価格は本体価格です．ご購入の
際には消費税が加算されますのでご了承下さい．